Felix Kompenhans

Warum verkauft sich faire Mode schlechter?

Der Einfluss ethischer Produktinformationen auf das Kaufverhalten

Bibliografische Information der Deutschen Nationalbibliothek:

Die Deutsche Nationalbibliothek verzeichnet diese Publikation in der Deutschen Nationalbibliografie; detaillierte bibliografische Daten sind im Internet über http://dnb.d-nb.de abrufbar.

Impressum:

Copyright © Studylab 2019

Ein Imprint der Open Publishing GmbH, München

Druck und Bindung: Books on Demand GmbH, Norderstedt, Germany

Coverbild: Open Publishing GmbH | Freepik.com | Flaticon.com | ei8htz

Inhaltsverzeichnis

Abkürzungsverzeichnis IV

Abbildungsverzeichnis V

1 Problemstellung 1

2 Definitorische Grundlagen 5

   2.1 Begriffsbestimmung ethischer Produktinformationen 5

   2.2 Informationsökonomische Eigenschaftstypologie 9

   2.3 Die Rolle der Bereitstellung ethischer Produktinformationen 11

3 Das Total Ethical Fashion Quality Model 16

4 Umfang und Auswirkungen ethischer Produktinformationen auf die Kaufentscheidung 22

   4.1 Label und Prüfzeichen als Träger der Information 22

   4.2 Klassifizierung und Charakteristika der Informationen 24

   4.3 Gegenüberstellung von positiv und negativ wahrgenommenen Informationen 31

5 Implikationen für Händler und Hersteller 33

6 Fazit und Ausblick 35

Anhang 36

   Total Food Quality Model 37

   Ausgewählte Label und Prüfzeichen 37

   Rechtliche Rahmenbedingungen 39

Literaturverzeichnis 40

Abkürzungsverzeichnis

BMEL	Bundesministerium für Ernährung und Landwirtschaft
BMI	Bundesministerium des Inneren
BMUB	Bundesministerium für Umwelt, Naturschutz, Bau und Reaktorsicherheit
BMZ	Bundesministerium für wirtschaftliche Zusammenarbeit und Entwicklung
CCC	Clean-Clothes-Campaign
COE	Country of Origin Effect
ConSR	Consumer Social Responsibility
CRS	Corporate Social Responsibility
EFTA	European Fair Trade Association
FMCG	Fast Moving Consumer Goods
FINE	Internationaler Dachverband von FLO, WFTO, NEWS!, EFTA
FLO	Fairtrade Labelling Organizations International
FWF	Fair Wear Foundation
GfK	Gesellschaft für Konsum-, Markt-, und Absatzforschung e.V.
IAO	Internationale Arbeitsorganisation
LOHAS	Lifestyles of Health and Sustainability
NEWS	Network of European Worldshops
NGOs	Nichtregierungsorganisationen
NPE	Nonylphenolethoxylate
NPOs	Non-Profit-Organisationen
PETA	People for the Ethical Treatment of Animals
QR	Quick Response
TEFQM	Total Ethical Fashion Quality Model
TFQM	Total Food Quality Model
VuMA	Arbeitsgemeinschaft Verbrauchs- und Medienanalyse
WCED	World Commission on Environment and Development
WFTO	World Fair Trade Organization

Abbildungsverzeichnis

Abbildung 1: Die drei Produktdimensionen 6

Abbildung 2: Konzeptioneller Bezugsrahmen zu ethischen Produktinformationen 9

Abbildung 3: Means-End-Chain Ansatz am Beispiel ethischer Mode 19

Abbildung 4: Das TEFQM 21

Abbildung 5: Abschnitt der Wertschöpfungskette der Modebranche 24

1 Problemstellung

Die Übernutzung der natürlichen Ressourcen, das stetige Bevölkerungswachstum und die fortschreitende Digitalisierung tragen ökonomisch, ökologisch und sozial größtmögliche Herausforderungen inne. Dabei spielt ein nachhaltiges Umdenken auf politischer, unternehmerischer und gesellschaftlicher Ebene eine immer fundamentalere Rolle (Otto Group Trendstudie, 2013, pp. 7–9).

Die Modeindustrie hat in den letzten Jahren einen rapiden Wandel erlebt, welcher sich bleibend auf die Umwelt und das alltägliche Leben von Menschen in Entwicklungsländern auswirkt (Jung & Jin, 2016, p. 410). Durch Outsourcing der Produktion und der damit verbundenen Niedriglöhne schaffen Textilunternehmen eine Grundlage, welche es ihnen ermöglicht, in kürzester Zeit Massenartikel herzustellen und kostengünstig anzubieten (Shaw, Hogg, Wilson, Shiu, & Hassan, 2006, pp. 430–433). Während die Modebranche wächst, weiten sich die Umweltschäden, die von ihr ausgehen, immer weiter aus (Greenpeace, 2016a, pp. 3–10). Der Einsturz einer Produktionsstätte im Jahr 2013 in Bangladesch bei dem knapp 1500 Menschen ihr Leben verloren, steht exemplarisch für eine mangelnde staatliche Regulierung in den Produktionsländern, welche inhumane Arbeitsbedingungen zulässt (Günseli & Van der Meulen Rodgers, 2010, pp. 65–70; Maher, 2014). Trotz drastischer Auswirkungen, ausgehend von der Modeindustrie und einem allgemein gesteigerten Bewusstsein der Konsumenten, sowie Zahlungsbereitschaften bezüglich ethischer Produkte, nimmt ethische Kleidung in der Modebranche lediglich eine Marktnische ein (Boulstridge & Carrigan, 2000, pp. 359–361; Schenkel-Nofz & Walther, 2014, p. 217; Trudel & Cotte, 2009, pp. 62–63).

Längst tragen Informationen und deren Bereitstellung in der ökonomischen Literatur eine unbestrittene Wichtigkeit inne (Césare & Salaün, 1995, p. 209; Swinnen, McCluskey, & Francken, 2005, pp. 175–176; Verbeke & Ward, 2006, pp. 453–454). Neben dem Aussehen und dem Preis als wesentliche Indikatoren für die wahrgenommene Qualität eines Produktes, sind Informationen, wie beispielsweise über den Herstellungsprozess, für den Verbraucher zunehmend wichtiger (Salaün & Flores, 2001, p. 24). Im Zeitalter der Digitalisierung und des E-Commerce in dem Konsumenten via mobilem Endgerät schneller denn je ein größtmögliches Spektrum von Informationen über Produkte, Dienstleistungen, und deren Eigenschaften abrufen können, steht eine übersichtliche, strukturierte und zielgruppenorientierte Informationsbereitstellung im Fokus der Händler (Boulstridge & Carrigan, 2000, p. 358; Carrigan & Attalla, 2001, pp. 569–570; Lademann, 2015, pp. 22–25). Da das Wissen der Konsumenten bezüglich ethischer Kleidung als relativ gering zu

1 Problemstellung

bewerten ist, ist es für Händler und Hersteller umso relevanter, Produktinformationen in einem verständlichen und attraktivem Wege bereitzustellen und zu übermitteln (Boulstridge & Carrigan, 2000, p. 360; Hiller Connell, 2010, p. 282; Hill & Lee, 2012, pp. 481–488). Der Forschungsschwerpunkt ethischer Produktinformationen bezieht sich in der wissenschaftlichen Literatur maßgebend auf den Konsumbereich von Lebensmitteln, was die Hauptforschungsfrage hinsichtlich der Forschungslücke des Einflusses ethischer Produktinformationen unter Bezugnahme der Modebranche, umso relevanter erscheinen lässt:

> Welchen Stellenwert nehmen ethische Produktinformationen im Rahmen der Kaufentscheidung von Kleidung ein?

Um diese Frage beantworten zu können, sind zunächst weitere Unterforschungsfragen zu beantworten: *Was ist unter ethischen Produktinformationen zu verstehen?*

Es wird dargestellt, inwiefern sich ethische Produktattribute im Rahmen der drei Produktdimensionen „Kernprodukt", „reales Produkt" und „erweitertes Produkt" als letzteres verstehen lassen (Crane, 2001, p. 363; Kotler, Armstrong, Wong & Saunders, 2011, p. 589). De jure ist der Begriff des „fairen Handels" nicht geschützt, sodass er de facto von allerlei Nutznießern verwendet wird (GEPA Fair Trade Company, 2016). Konsumenten werden in ihrer Kaufentscheidung mit etlichen Begrifflichkeiten, wie beispielsweise „nachhaltig", „ethisch", „grün", „öko" oder speziell auf Kleidung bezogen mit „slow fashion" konfrontiert, was schnell zu einer Unübersichtlichkeit und Ablehnung der Produkte führen kann (Balineau & Dufeu, 2010, pp. 341–342; Cervellon, Hjerth, Ricard, & Carey, 2010; Hill & Lee, 2012, pp. 481–482). Folglich ist es unabdingbar jene Terminologien voneinander abzugrenzen. Weiterhin werden Such-, Erfahrungs- und Vertrauenseigenschaften differenziert (Balineau & Dufeu, 2010, pp. 340–342; Darby & Karni, 1973, pp. 68–72; Foscht & Swoboda, 2011, p. 22; Nelson, 1970, pp. 327–328). Nach De Pelsmacker & Janssens (2007, pp. 372–375) hat die vom Konsumenten wahrgenommene Qualität der Informationen einen direkten Einfluss auf die Kaufentscheidung, was die zweite Unterforschungsfrage für diese Arbeit umso bedeutsamer macht:

> Welche ethischen Produktinformationen beeinflussen das Kaufverhalten und welche weiteren Einflussfaktoren sind von Bedeutung für die Kaufentscheidung?

Die intransparente Vielzahl von Labeln und Prüfzeichen als Träger der Information wirkt sich nachteilig auf die Kaufentscheidung von ethischer Kleidung aus (D`Souza, Taghian, Lamb, & Peretiatko, 2007, pp. 371–374). Sofern ein zu komplexer und unverständlicher Überschuss an Informationen bereitgestellt wird, führt dies unmittelbar zum Desinteresse des Konsumenten (Salaün & Flores, 2001, p. 23; Verbeke, 2008, pp. 283–284). Einerseits hilft Mode ihrem Verbraucher sich zu einer kulturellen Gruppierung zugehörig zu fühlen und schafft einen persönlichen Nutzen, sodass Design, Qualität und Marke einen besonders hohen Stellenwert genießen (Abraham-Murali & Littrell, 1995, p. 66; Auger, Devinney, Louviere, & Burke, 2010, pp. 156–157; Schenkel-Nofz & Walther, 2014, p. 224). Andererseits schafft das nachhaltige Umdenken der Konsumenten eine potentielle Grundlage dafür, dass ethische Kleidung künftig einen höheren Stellenwert in der Modebranche genießen könnte (Fletcher, 2010, pp. 261–265). Um der Relevanz der zweiten Unterforschungsfrage gerecht zu werden, wird das Total Food Quality Model (TFQM) herangezogen und unter Berücksichtigung von ethischer Kleidung konzeptionell angepasst, sowie die wichtigsten ethischen Produktinformationen verdeutlicht (Grunert, Baadsgaard, Larsen & Madsen, 1996, p. 82).

> Inwieweit lassen sich Informationsasymmetrien und Handlungshemmnisse des Konsumenten bezüglich der Kaufentscheidung von ethischer Kleidung reduzieren?

Hinsichtlich der dritten Unterforschungsfrage werden Implikationen für eine praxisorientierte Anwendung hergeleitet, die besonders für Unternehmen relevant sind, welche den Vertrieb von ethischer Kleidung in ihrem Angebot implementieren wollen.

Der Aufbau dieser Arbeit gliedert sich wie folgt: Einleitend erfolgt die Begriffsbestimmung ethischer Produktinformationen, um das Verständnis für die behandelte Thematik zu erleichtern. Weiterhin ist der definitorische Grundlagenteil der informationsökonomischen Eigenschaftstypologie, sowie der Rolle der Bereitstellung ethischer Produktinformationen gewidmet. Darauf aufbauend wird im dritten Kapitel das TFQM unter Bezugnahme ethischer Produktinformationen von Kleidung abgewandelt. Im Fokus des vierten Kapitels stehen der Umfang und die Auswirkungen ethischer Produktinformationen auf die Kaufentscheidung. Anfangs werden Label und Prüfzeichen als Träger der Information dargestellt. Darauffolgend werden ethische Produktinformationen nach sozialen Aspekten, Herkunftsland, umweltpolitischen Gegebenheiten, sowie Tierschutz verdeutlicht und analysiert. Im Zuge dessen wird eine Gegenüberstellung positiv und negativ wahrgenommener Informationen herausgearbeitet. Im fünften Kapitel werden Implikationen für Händler und Hersteller hergeleitet. Zum Schluss der Arbeit werden die Antworten der relevanten Fragestellungen prägnant zusammengefasst und ein Ausblick auf offen gebliebene Fragen gegeben.

2 Definitorische Grundlagen

In den folgenden Unterkapiteln werden zunächst relevante Begrifflichkeiten definiert, voneinander abgegrenzt, sowie deren Relevanz näher beleuchtet. Somit soll eine fundierte Grundlage für das Verständnis der verwendeten Literatur und der weiteren Forschung generiert werden.

2.1 Begriffsbestimmung ethischer Produktinformationen

Um den Einfluss ethischer Produktinformationen auf das Kaufverhalten der Konsumenten zu untersuchen, ist es zunächst erforderlich ein Verständnis für ethische Produkte herzuleiten. Nach Kotler et al. (2011, p. 589) lassen sich Produkte in die drei Produktdimensionen „Kernprodukt", „reales Produkt" sowie „erweitertes Produkt" unterteilen, was mit der Arbeit von Levitt (1980, pp. 84–88) einhergeht. Die Dimension des „Kernproduktes" schafft für den Konsumenten eine Problemlösung oder jenen fundamentalen Kernnutzen, den er grundsätzlich mit dem Produkt verbindet und aufsucht (Kotler et al., 2011, p. 589). Zum Beispiel schafft der Kauf einer Regenjacke für den Konsumenten einen fundamentalen Kernnutzen hinsichtlich des Schutzes vor Unwetter und ist folglich der ersten Dimension zuzuordnen (Crane, 2001, p. 364). Insofern jener Kernnutzen durch die fünf Charakteristika Qualität, Produktfunktionalität, Design, Verpackung und Marke (z.B. Outdoorfirma „Mammut") komplettiert wird, handelt es sich um die Dimension des realen Produktes (Kotler et al., 2011, p. 589). In der Dimension des erweiterten Produktes findet eine Ergänzung des realen Produktes und Kernproduktes durch freiwillige Zusatzleistungen und Bedürfnisbefriedigungen statt, welche aus der Sichtweise des Käufers einen wichtigen Bestandteil des Gesamtangebotes darstellt (Kotler et al., 2011, p. 589; Ravald & Grönroos, 1996, p. 23; Slater & Narver, 1999, p. 1166). Für den Konsumenten stellt sich das Endprodukt als ein Bündel von Nutzen und wahrgenommenen Leistungen dar (Crane, 2001, p. 364; Kotler et al., 2011, p. 589). Neben Zusatzleistungen, wie z. B. Gewährleistungen, kostenlosen Schulungen oder Frei-Haus-Lieferungen spielt vor dem Hintergrund des nachhaltigen Umdenkens der Konsumenten, eine Ergänzung hinsichtlich ethischer Produktattribute eine immer wichtigere Rolle (Auger et al., 2010, pp. 140–142; Kotler et al. 2011, p. 589; Peannie & Charter, 2003, p. 731). Jene Ergänzung durch ethische Produktattribute kann sich sowohl positiv, als auch negativ auf das Kaufverhalten auswirken, was ein weltweiter Protest gegen die Outdoorfirma „Mammut" exemplarisch aufweist (Crane, 1997, p. 562, 2001, pp. 364–365; Greenpeace, 2016b, p. 14). Es ist von besonderer Relevanz zu verdeutlichen, dass es per se keine vollkommen, uneingeschränkten ethischen Produkte gibt (Crane, 2001, pp. 368-369). Vielmehr stehen ethische Produkte in Bezug auf die Dimension des erweiterten Produktes im Verständnis von ethischen Produktattributen, welche der subjektiven Wahrnehmung der Konsumenten obliegen und vom Unternehmen bereitgestellt werden (Crane, 2001, p. 369; Mohr, Webb, & Harris, 2001, pp. 45-48).

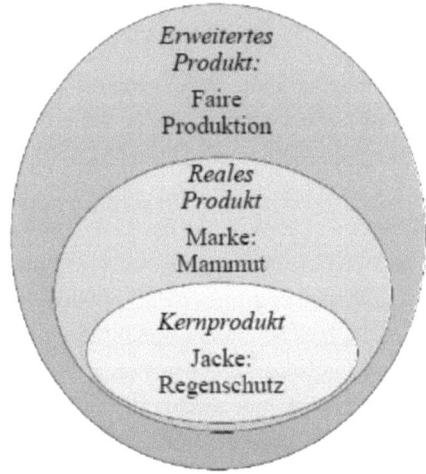

Abbildung 1: Die drei Produktdimensionen
Quelle: Eigene Darstellung in Anlehnung an Kotler et al., 2011, pp. 588-589

Mitunter wird die Unternehmensethik in der wissenschaftlichen Literatur in ihrem Grundsatz hinterfragt und gar als Oxymoron dargestellt, was impliziert, dass es sich bei Ethik und Unternehmertum um zwei Gegensätze handelt, welche sich einander widersprechen und nicht im Zusammenhang stehen können (Albach, 2007, pp. 199-202; Daly, 2010, pp. 11-12; Duska, 2000, pp. 111-112; Küpper, 1992, pp. 503-505). Da sich Unternehmensethik „mit der Analyse, Begründung, Anwendung, und den Folgen von Normen, Werten sowie Werturteilen bei wirtschaftlichen Entscheidungen befasst" (Küpper, 2016, p. 16) und Unternehmen moralischen Anforderungen gewachsen sein müssen, welche aus Konsumentensicht als richtig oder falsch verstanden werden können, wird im Folgenden der Ansatz eines Widerspruchs zwischen Ethik und Unternehmertum ausgeschlossen (Carrigan & Attalla, 2001, p. 562; Collins, 1994, p. 1; Crane & Matten, 2016, pp. 4-5). *Ethischer Konsum* steht im Verständnis eines Kaufverhaltens der Konsumenten, welches eine Verantwortung für die Umwelt, Menschen und Tiere impliziert (Auger & Devinney, 2007, pp. 362-363; Carrigan, Szmigin, & Wright, 2004, p. 401; Strong, 1996, p. 5).

Sämtliche ethische Konsumhandlungen übt der Konsument aufgrund einer persönlichen Motivation aus (Balderjahn & Peyer, 2012b, p. 95). Dabei werfen Begrifflichkeiten, welche mit ethischem Konsum in Verbindung stehen oftmals eine partielle Synonymie auf, sodass eine definitorische Abgrenzung unabdingbar ist. Der Begriff der *Nachhaltigkeit* steht im Sinne eines Leitbilds für politisches, wirtschaftliches sowie ökologisches Handeln und genießt in der wissenschaftlichen Literatur keine einheitliche Definition (Dyllick & Hockerts, 2002, p. 130; Elkington, 2006, pp. 522-524; Hill & Lee, 2012, p. 477; Lexikon der Nachhaltigkeit, 2015a; Strong, 1996, p. 8, 1997, pp. 32-33). „Humanity has the ability to make development sustainable – to ensure that it meets the needs of the present without compromising the ability of future generations to meet their own needs" (World Commission on Environment and Development (WCED), 1987, p. 24, Nr. 27). Dies bedeutet, dass *Nachhaltigkeit* gegenwärtige Bedürfnisse erfüllt, ohne dabei künftigen Generationen die Möglichkeit zu nehmen, ihre eigenen Bedürfnisse zu befriedigen. Im Folgenden steht der Ausdruck der *nachhaltigen Mode* für Textilien, welche verantwortungsbewusst, sowie ressourcenschonend produziert wurden, und agiert als Oberbegriff für weitere Terminologien (Closs, Speier, & Meacham, 2011, p. 101; Strong, 1997, pp. 32-33). Nachhaltigkeit ist der Kernbestandteil *grüner Mode* (Crane, 1997, p. 562; Peannie & Charter, 2003, pp. 727-728; Strong, 1996, p. 8). *Grüne Mode* bezieht sich hauptsächlich auf umweltpolitische Gegebenheiten (Phau & Ong, 2007, pp. 772-774). Bei der Herstellung *grüner Mode* werden lediglich nachhaltige Stoffe verwendet, was sich im Verkaufspreis widerspiegelt (Lexikon der Nachhaltigkeit, 2015b; Wolf, 2015, p. 17). Die begriffliche Unterscheidung zwischen *grüner Mode* und *Ökomode* ist marginal. Nach Cervellon und Carey (2011, p. 119) bezieht sich *Ökomode* gleichwohl auf einen umweltschonenden Herstellungsprozess durch einen geringeren Einsatz von Wasser und Chemikalien. Oftmals wird *Ökomode* mit einer ganzen Ökobewegung in Verbindung gebracht und der Stil der *Ökomode* als unmodisch assoziiert (Cervellon, Hjerth, Ricard & Carey, 2010; Lexikon der Nachhaltigkeit, 2015c; Schenkel-Nofz & Walther, 2014, p. 224). Neben *recycelter Mode* steht ebenfalls *organische Mode* im Verständnis von *grüner Mode/Ökomode* (Cervellon & Carey, 2011, p. 119). Erstere impliziert eine Verlängerung des Produktlebenszyklus durch Wiederverwendbarkeit der Materialien, reduziert die Umweltbelastung und fördert soziale Gerechtigkeit (Allwood, Laursen, de Rodriquez, & Bocken, 2006, p. 3; Kagawa, 2010, p. 335). Bei der Herstellung *organischer Mode* werden lediglich Materialien wie Bio-Baumwolle oder Naturfasern verwendet und der Umwelt dabei minimalster Schaden zugefügt (Cervellon et al., 2010; Zündstoff Clothing, 2017). Neben umweltpolitischen Auswirkungen bestreben *Fairtrade-*

Produkte eine Gewährleistung sicherer Arbeitsbedingungen sowie einer fairen Entlohnung entlang der gesamten Wertschöpfungskette (Balderjahn & Peyer, 2012a, pp. 344–345; Balineau & Dufeu, 2010, pp. 332–333; Shaw et al., 2006, pp. 428–429). In Bezug auf die Modebranche ist dabei die Vermeidung von *Sweatshops*, das heißt von Fabriken in Entwicklungsländern, welche Niedriglöhne, Kinderarbeit, regelmäßige Überstunden oder anderweitige ausbeuterische Praktiken zulassen, ubiquitär (Goworek, 2011, pp. 74–75; Shaw et al., 2006, p. 429). Der informelle Arbeitskreis FINE, welcher sich aus den vier größten internationalen Dachverbänden des fairen Handels Fairtrade Labelling Organizations International (FLO), World Fair Trade Organization (WFTO), Network of European Worldshops (NEWS!) sowie European Fair Trade Association (EFTA) zusammenschließt, definiert den Begriff des fairen Handels als „eine Handelspartnerschaft, die auf Dialog, Transparenz und Respekt beruht und nach mehr Gerechtigkeit im internationalen Handel strebt" (Bundesministerium für wirtschaftliche Zusammenarbeit und Entwicklung (BMZ), 2017; Lexikon der Nachhaltigkeit, 2015d). Gesetzlich ist der Begriff des fairen Handels bis dato nicht geschützt, sodass Richtlinien unterschiedlich und eigennützig von Unternehmen umgesetzt werden können (GEPA Fair Trade Company, 2016). *Fast Fashion* steht als Synonym für ein spezifisches Produktions- und Vertriebssystem in der Modebranche, welches Durchlaufzeiten reduziert und in kürzester Zeit Massenartikel anbieten kann (Barnes & Lea-Greenwood, 2006, pp. 259–260; Birtwistle, Siddiqui, & Fiorito, 2010, pp. 118–119; Shaw et al., 2006, pp. 430–433). Verdeutlichen lässt sich die unaufhaltsame Dynamik von *Fast Fashion* dadurch, dass führende Textilunternehmen wie Inditex und die dazugehörige Handelsmarke „Zara" eine Bekleidungslinie innerhalb von sieben Tagen zusammenstellen kann und bis zu acht neue Kollektionen jährlich auf den Markt kommen (Greenpeace, 2012, p. 29; Joy, Sherry, Wang, & Chan, 2012, p. 275; Mazaira, González, & Avendaño, 2003, pp. 220–221). Gegensätzlich zur *Fast Fashion* gewinnt *Slow Fashion* immer mehr an Bedeutung, welche sich als Leitbild ethischen Konsums in der Modebranche verstehen lässt und dabei von Unternehmen, sowie Konsumenten, ein verantwortungsvolleres Bewusstsein gegenüber Menschen, der Umwelt sowie Tieren fordert und fördert (Beard, 2008, pp. 450–451; Fletcher, 2010, pp. 262–263; Pookulangara & Shephard, 2013, pp. 200–203). Um im Laufe der Arbeit den Einfluss ethischer Produktinformationen auf das Kaufverhalten der Konsumenten näher zu untersuchen ist eine adäquate Unterteilung der Informationen unerlässlich:

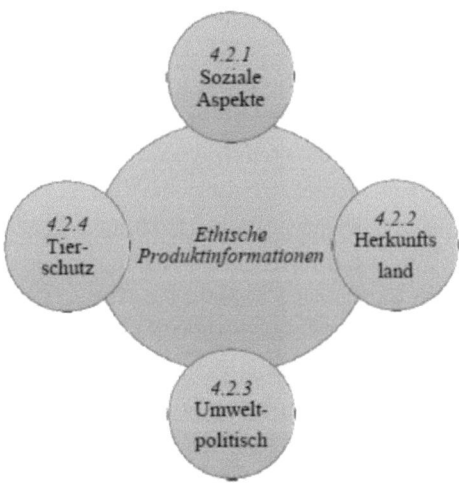

Abbildung 2: Konzeptioneller Bezugsrahmen zu ethischen Produktinformationen
Quelle: Eigene Darstellung

2.2 Informationsökonomische Eigenschaftstypologie

Nachdem im ersten Unterkapitel ein Verständnis für ethische Produktinformationen hergeleitet wurde, erfolgt nun eine Unterscheidung zwischen Such-, Erfahrungs- und Vertrauenseigenschaften. Dabei trägt die informationsökonomische Eigenschaftstypologie inne, inwieweit ein Konsument die Qualität eines Produktes überprüfen kann (Kaas & Busch, 1996, p. 243). Zudem gehen informationsökonomische Ansätze „explizit von unvollständiger Information und von unterschiedlich gelagerten Unsicherheitsproblemen der Kaufentscheidung aus" (Foscht & Swoboda, 2011, p. 22). Nach Meffert, Burmann, und Kirchgeorg (2012, p. 39) hat der Abbau von Informationsdefiziten zwischen Anbieter und Nachfrager Informationskosten, sowie eine Erhöhung der Transaktionskosten, zur Folge. Unterschiedliche Güter besitzen unterschiedliche Eigenschaften, welche vor oder nach dem Kauf vom Konsumenten beurteilt werden können (Bech-Larsen & Grunert, 2001, p. 188). Inwieweit einzelne Produkteigenschaften explizit als Such-, Erfahrungs- oder Vertrauenseigenschaft wahrgenommen werden, kann aufgrund des individuellen Wissens, sowie der Erfahrung der Nachfrager, nicht objektiv ermittelt werden (Meffert et al., 2012, p. 41; Weiber & Adler, 1995, p. 99). Vor diesem Hintergrund werden Produkteigenschaften im Rahmen des Informationsbedarfs der Konsumenten nach Nelson (1970, pp. 327–328) in Such- und Erfahrungseigenschaften unterteilt. Erstere stehen für Produkteigenschaften, welche bereits vor dem Kauf problemlos vom Konsumenten inspiziert und bewertet werden können (Foscht & Swoboda, 2011, p. 22; Nelson, 1970, p. 312, 1974, p. 730). Am Beispiel der Regenjacke zählen unter anderem die Farbe, die Verarbeitung oder der Tragekomfort zu den Sucheigenschaften, welche ex ante die Kaufentscheidung beeinflussen (Abraham-Murali & Littrell, 1995, p. 65; Meffert et al., 2012, p. 40). Insofern sich die Qualitätsmerkmale des Produktes ex post nach dem Kauf durch Gebrauch oder Verbrauch erschließen lassen, liegen nach Nelson (1970, pp. 312, 317) Erfahrungseigenschaften vor. Somit nimmt der Käufer einer Regenjacke deren Belastbarkeit hinsichtlich Unwetter erst während des eigentlichen Tragens wahr, sodass er vorerst auf die Informationen der Leistungsmerkmale vertraut, welche ihm durch Marketingmaßnahmen übermittelt werden (Nelson, 1974, p. 745, 752). Der Outdoor-Händler „Globetrotter" schafft es durch eine Kältekammer und einen Regenraum im Ladengeschäft Informationsasymmetrien sowie Unsicherheiten beim Nachfrager abzubauen, indem eigentliche Erfahrungseigenschaften bereits vor dem Kauf überprüft werden können (Bartmann, 2014, pp. 435-436; Globetrotter, 2017; Kreimer et al., 2012, p. 18; Meffert et al., 2012, pp. 40-41). Konsumenten nehmen im Rahmen der Such- und Erfahrungseigenschaften nach Nelson (1970, pp. 327–328) eine aktive Position ein, indem Informationen über die Qualität des Produktes, durch vorherige Inspektion oder während des Gebrauchs, akquiriert werden können (Lupton, 2005, pp. 401–402). Im Gegenzug wurde die informationsökonomische Eigenschaftstypologie um Vertrauenseigenschaften nach Darby und Karni (1973, pp. 68–69) erweitert. Laut Darby und Karni (1973, pp. 68–69) versteht man unter einer Vertrauenseigenschaft eine solche, deren Ausmaß oder generelles Vorhandensein weder vor, noch nach dem Kauf, vom Konsumenten beurteilt oder überprüft werden kann. Beispielsweise kann der Käufer einer Regenjacke, welche laut Hersteller unter fairen und nachhaltigen Bedingungen hergestellt wurde, deren eigentliche ethischen Produkeigenschaften nicht überprüfen (Caswell, 1998, p. 155; Meffert et al., 2012, pp. 41). Somit vertraut der Konsument uneingeschränkt auf die Information über das Vorhandensein ethischer Produkteigenschaften, welche ihm durch Händler und Hersteller übermittelt werden (Bech-Larsen & Grunert, 2001, p. 188). Im Zuge dessen werden Label und Prüfzeichen als Träger der Information eingesetzt, um dem Konsumenten das Vorhandensein von Vertrauenseigenschaften zu übermitteln (Balineau & Dufeu, 2010, p. 333; Jahn, Schramm, & Spiller, 2005, pp. 56–57; Moser, Raffaelli, & Thilmany-McFadden, 2011, p. 122; Zadek, Lingayah & Forstater, 1998, pp. 28–30). Je größer dabei das Vertrauen der Konsumenten bezüglich der Label und Prüfzeichen ist, desto ausgeprägter ist die Überzeugung über die Existenz der

Vertrauenseigenschaft (Bech-Larsen & Grunert, 2001, pp. 195-196). Mitunter wird in der wissenschaftlichen Literatur die Annahme getroffen, dass Fairtrade-Produkte nicht im Verständnis von Vertrauenseigenschaften stehen können, da aufgrund der Komplexität der Wertschöpfungskette niemand in vollem Umfang Informationen über Produkte besitzt und somit neben den Konsumenten, auch die Hersteller und Händler Unsicherheiten und Informationsasymmetrien hegen (Balineau & Dufeu, 2010, p. 342). In diesem Zusammenhang werden Fair-Trade Produkte nach Lupton (2005, pp. 413-415) in die Kategorie der unbestimmten Güter eingeordnet (Balineau & Dufeu, 2010, pp. 341-342). Konträr dazu werden ethische Produktinformationen im Folgenden den Vertrauenseigenschaften zugeordnet, was mit dem Konsens der wissenschaftlichen Literatur im Einklang steht (Bonroy & Constantatos, 2008, pp. 237-240; Larson, 2003, pp. 529-530; Loureiro & Lotade, 2005, p. 131). Laut Maute und Forrester (1991, pp. 646-648, 662-664) ist die Eigenmotivation der Konsumenten zur Informationssuche umso geringer, desto mehr Produkte mit Vertrauenseigenschaften gekennzeichnet sind. Vor diesem Hintergrund wird die Bereitstellung ethischer Produktinformationen im folgenden Unterkapitel näher beleuchtet.

2.3 Die Rolle der Bereitstellung ethischer Produktinformationen

Zunächst wird ein grundlegendes Verständnis für den Stellenwert ethischer Produkte geschaffen, um darauffolgend die Relevanz der Bereitstellung ethischer Produktinformationen näher zu verdeutlichen.

Die Entwicklung des nachhaltigen Umdenkens in der Gesellschaft ist fortlaufend (Otto Group Trendstudie, 2013, p. 7, 14). Ethische Prinzipien beeinflussen das Kaufverhalten der Konsumenten mehr denn je (Auger et al., 2003, p. 281; Vogler & Graßer, 2015, p. 149-152). Maßgeblich ist die Verantwortung der Konsumenten, die Consumer Social Responsibility (ConSR) und das gesteigerte Bewusstsein für ethische Kaufentscheidungen, bei Lebensmitteln, und damit einhergehend im Sektor der Fast Moving Consumer Goods (FMCG), etabliert (McDonald, Oates, Thyne, Alevizou, & McMorland, 2009, p. 138; Otto Group Trendstudie, 2007, pp. 21-22; Schenkel-Nofz & Walther, 2014, p. 216). Laut einer Studie des Rats für nachhaltige Entwicklung (RNE) wollen immer mehr Konsumenten biologisch konsumieren, was sich durch eine Vervierfachung des Umsatzes von Bio-Lebensmitteln innerhalb der letzten 15 Jahre verdeutlichen lässt (RNE, 2016). Gleichwohl bezieht sich der Wandel im Handel nach mehr Verantwortungsbewusstsein auf ein breitgefächertes Spektrum unterschiedlichster Produkte und gewinnt auch in der Modebranche immer mehr an Bedeutung (Ahlert, Große-Bölting, & Heinemann, 2009, pp. 1001–1008; Jung & Jin, 2016, pp. 411–412; TransFair, 2015, p. 12). Ethische Konsumenten sehen laut Shaw und Newholm (2002, pp. 167–169) grundsätzlich einen direkten Zusammenhang zwischen ethischen Problemen und ihren persönlichen Kaufentscheidungen. Konsumentengruppen mit einem „Lifestyle of Health and Sustainability" werden nach Ray und Anderson (2000, p. 329–333) unter dem Akronym LOHAS zusammengefasst und in der wissenschaftlichen Literatur untersucht (Ernst & Young, 2007, p. 8; Kotler, 2011, p. 134; Pittner, 2014, pp. 58–60). Jene Verbrauchergruppe ist zwischen 2007 und 2015 um circa ein Viertel angewachsen und macht rund 30 Prozent der deutschen Gesamtbevölkerung aus, was den gesellschaftlichen Wertewandel widerspiegelt (Gesellschaft für Konsum-, Absatz- und Marktforschung (GfK), 2015, p. 3; imug Konsumstudie, 2014, pp. 34–36). Laut der Otto Group Trendstudie (2013, p. 7) gab mehr als die Hälfte aller Befragten an, häufig ethisch korrekt hergestellte Produkte zu erwerben. In der Gesamtheit der wissenschaftlichen Literatur wird verdeutlicht, dass das Bedürfnis nach ethischem Konsum der „socially conscious consumer" nachweislich vorhanden ist (Anderson & Cunningham, 1972, pp. 30–31; Antil, 1984, pp. 19–20; Schenkel-Nofz & Walther, 2014, p. 216; Webster, 1975, p. 188). Demgemäß sind Konsumenten bereit, bewusst einen höheren Preis für Produkte mit ethischen Eigenschaften zu bezahlen und ihre Einflussmöglichkeiten als Stakeholder per Kauf- oder Nichtkaufentscheidung gezielt zu nutzen (De Pelsmacker et al., 2005, p. 363; Loureiro & Lotade, 2005, p. 136; Nebenzahl, Jaffe, & Kavak, 2001, pp. 301–302; Schenkel-Nofz & Walther, 2014, p. 216; Trudel & Cotte, 2009, p. 61). Aufgrund der veränderten und nachhaltigeren Anspruchshaltung der Konsumenten, genießt „ein Konzept, das den Unternehmen als Grundlage dient, auf freiwilliger Basis soziale Belange und Umweltbelange in ihre Unternehmenstätigkeit und in die Wechselbeziehungen mit den Stakeholdern zu integrieren" (Europäische Kommission, 2001, p. 7), die Corporate Social Responsibility (CSR), in der Wissenschaft und Praxis einen hohen Stellenwert (Bhattacharya & Sen, 2004, pp. 9–11; Devinney, Auger, Eckhardt, & Birtchnell, 2006, pp. 1–2; Dillard & Murray, 2013, pp. 10–18; Perry, 2012, pp. 142–145; Schmidpeter, 2012, pp. 9–13). Einerseits geben Konsumenten ein gesteigertes Bewusstsein und proaktives Handeln bezüglich ethischer Kaufentscheidungen an, andererseits spiegelt sich jenes Bewusstsein in ihrem Kaufverhalten nur partiell wieder (Carrigan & Attalla, 2001, p. 564). Jene Diskrepanz zwischen der tatsächlichen Kaufentscheidung und der ethischen Einstellung der Konsumenten wird in der wissenschaftlichen Literatur als „Attitude-Behaviour-Gap" bzw. „Ethical Purchasing Gap" bezeichnet (Boulstridge & Carrigan, 2000, pp. 359–360; Nicholls & Lee,

2006, pp. 371–376). Cowe und Williams (2000, p. 1) verdeutlichen die Diskrepanz durch das „30:3 Syndrom", was bedeutet, dass rund ein Drittel der Konsumenten behauptet ethische Prinzipien zu unterstützen, jedoch der Marktanteil ethischer Produkte selten mehr als drei Prozent erreicht (Bray, Johns, & Kilburn, 2011, p. 597; Schenkel-Nofz & Walther, 2014, p. 217).

Da der Mangel an zuverlässigen Informationen über ethische Produkte Mitverantwortung für das Entstehen dieser Lücke trägt, sollte die übersichtliche und strukturierte Informationsbereitstellung mehr im Fokus der Händler und Hersteller stehen (Uusitalo & Oksanen, 2004, p. 219). Umso mehr Konsumenten über ethische Tätigkeiten der Unternehmen wissen würden, desto mehr würde ihre Kaufentscheidung davon beeinflusst werden (Auger, Devinney, Louviere, & Burke, 2008, p. 184; Boulstridge & Carrigan, 2000, p. 360; McDevitt, Giapponi, & Tromley, 2007, pp. 219–220). Aus Stakeholder-Perspektive ist es oftmals schwierig abzuwägen, ob die unternehmensspezifische Motivation nach ethischem Handeln altruistisch ist oder aus einem gewinnmaximierenden, ökonomischen Hintergrund hervorgeht (Carter & Polonsky, 1999, p. 19; McCluskey & Swinnen, 2004, p. 1230; Schenkel-Nofz, 2015, p. 307; Shaw & Newholm, 2002, p. 169). Nach Uusitalo und Oksanen (2004, p. 218) stehen Konsumenten der Quelle, welche sie aufsuchen, um Informationen über ethische Produkte zu erhalten, in gewissen Maßen konfus und in Unkenntnis gegenüber. Weiterhin bewerten Uusitalo und Oksanen (2004, p. 217) die Verfügbarkeit genauer Informationen von ethischen Produkten als schlichtweg unzureichend. De Pelsmacker und Janssens (2007, p. 372) Untersuchungen zeigen auf, dass die wahrgenommene Quantität und Qualität der bereitgestellten Informationen die Einstellung der Konsumenten gegenüber ethischen Produkten und damit indirekt das Kaufverhalten, beeinflussen. Zugleich verdeutlicht Verbeke (2008, p. 281), dass sich die Informationsbereitstellung auf das Wissen und die Einstellung der Konsumenten auswirkt, und dabei die Kaufentscheidung beeinflusst. Das Wissen der Konsumenten, welches nach Verbeke (2008, p. 284) das Schlüsselkonstrukt hinsichtlich des Informationsprozesses ist, ist in Bezug auf ethische Mode als unzureichend und ausbaufähig zu bewerten (Cervellon & Carey, 2011, pp. 126–129; Dickson, 1999, p. 44; Halepete, Littrell, & Park, 2009, p. 14; Hill & Lee, 2012, pp. 481–488; Kim & Damhorst, 1998, p. 132). Nach Sproles, Geistfeld, und Badenhop (1978, pp. 101–103) müssen Konsumenten in vollem Umfang informiert sein, um effektiv Kaufentscheidungen treffen zu können (Bray et al., 2011, p. 602; Carrigan & Attalla, 2001, p. 571). Gegensätzlich dazu fühlen sich laut der Otto Group Trendstudie (2013, p. 20) mehr als die Hälfte aller Befragten bei ethischen

Kaufentscheidungen überfordert, was nicht an einer zu geringen Bereitstellung der Informationen liegt. Vielmehr trägt der Informationsüberschuss zu einer Orientierungslosigkeit im Kaufverhalten bei und kann kontraproduktive Auswirkungen nach sich ziehen (Césare & Salaün, 1995, p. 213; Otto Group Trendstudie, 2013, p. 20). Besonders bei habitualisierten Kaufentscheidungen, wie bei FMCG, wollen Konsumenten keine zusätzliche Zeit aufbringen müssen, um einen Überschuss an ethischen Produktinformationen auszuwerten und dabei den Kauf alternativer Produkte abzuwägen (Raab, Unger, & Unger, 2010, p. 191; Solomon, 2013, pp. 305–307; Uusitalo & Oksanen, 2004, pp. 215–216; Verbeke, 2008, p. 282). Im Zeitalter der Digitalisierung und des E-Commerce können Konsumenten schneller denn je per mobilem Endgerät Informationen über Produkte erhalten (Boulstridge & Carrigan, 2000, p. 358; Carrigan & Attalla, 2001, pp. 569–570; Hemp, 2009, pp. 83–85; Lademann, 2015, pp. 22–25). Dabei ist es für Unternehmen besonders wichtig zielgruppenorientiert den richtigen Grad der Informationsbereitstellung zu finden und das Risiko eines Informationsüberschusses zu vermeiden (Chen, Shang, & Kao, 2009, p. 48; Verbeke & Ward, 2006, p. 454). Weiterhin geht mit einem Überschuss an Informationen die kognitive Schwierigkeit für Konsumenten einher, in Bedrängnis möglichst viele Informationen verarbeiten zu müssen, was schlussendlich zu einer Ablehnung des Produktes führen kann (Ehrich & Irwin, 2005, p. 267; Verbeke, 2005, p. 347). Im selben Zusammenhang wird aus den Arbeiten von Castaldo, Perrini, Misani, und Tencati (2009, p. 6) und Strong (1996, p. 6–7) deutlich, dass für Konsumenten nicht die expliziten Details der ethischen Produkteigenschaften im Vordergrund stehen, sondern vielmehr das Vertrauen in die Händler und Hersteller, das diese nach ethischen Prinzipien handeln, wie es von ihnen erwartet und vorgegeben wird. Nach Thiede (2005, p. 1452) ist Vertrauen eine Grundvoraussetzung für die Wirksamkeit von Informationen und vereinfacht dabei die Kaufentscheidung (Verbeke, 2008, p. 286).

Der Konsens der wissenschaftlichen Literatur verdeutlicht, dass Konsumenten eine übersichtlichere und strukturierte Bereitstellung von ethischen Produktinformationen benötigen, um ihre Kaufentscheidung mehr im Ermessen des ethischen Konsums zu treffen. Folglich stehen Händler und Hersteller vor der Herausforderung ethische Produktinformationen effektiver und zielgruppenorientiert zu kommunizieren, um Informationsasymmetrien abzubauen (Uusitalo & Oksanen, 2004, p. 220; Verbeke, 2005, pp. 348–349). Da die Kaufentscheidung von Kleidung neben ethischen Produktinformationen immer auch von Merkmalen wie z. B. Preis oder

Marke beeinflusst wird, erfolgt im nächsten Kapitel eine modelltheoretische Bezugnahme ethischer Kleidung zum TFQM (Grunert et al., 1996, p. 82).

3 Das Total Ethical Fashion Quality Model

Nachdem im definitorischen Grundlagenteil ein Verständnis für ethische Produktinformationen generiert und die Relevanz der Bereitstellung verdeutlicht wurde, wird darauf aufbauend das TFQM unter Berücksichtigung von ethischer Kleidung konzeptionell angepasst.

Das TFQM nach Grunert et al. (1996, p. 81–82) bietet einen modelltheoretischen Rahmen für die Analyse, inwieweit Konsumenten die Qualität und Kosten eines Nahrungsmittels wahrnehmen und sich jene subjektive Wahrnehmung auf die Kaufentscheidung und mögliche Wiederkaufentscheidung auswirkt. Im Rahmen der modelltheoretischen Bezugnahme ethischer Kleidung zum TFQM, wird das Modell im Folgenden als Total Ethical Fashion Quality Model modifiziert (TEFQM). Das TEFQM ist konzeptionell in zwei Dimensionen unterteilt: Die *horizontale* und die *vertikale* Dimension. Erstere ist eine zeitliche Dimension und unterteilt die Auswertung der Produktqualität in die zwei Ebenen vor und nach dem Kauf (Grunert et al., 1996, p. 82; Grunert, 2005a, pp. 59–60). Die vertikale Dimension basiert auf der Annahme der *Means-End-Chain-Theorie* des Konsumentenverhaltens und zieht Schlussfolgerungen, inwieweit Konsumenten die Produktqualität anhand unterschiedlicher Merkmale erschließen (Grunert, 2005b, pp. 373–374; Grunert, Beckmann, & Sørensen, 2001, pp. 63–67). Die Ebene vor dem Kauf wird im Folgenden als *ex ante Ebene*, sowie die Ebene nach dem Kauf als *ex post Ebene,* definiert. Im Rahmen der ex ante Ebene wird aufgezeigt, inwieweit sich Qualitätsansprüche der Konsumenten auf der Grundlage der verfügbaren Qualitätseigenschaften bilden (Brunsø, Fjord, & Grunert, 2002, p. 9). Das TEFQM setzt die Kaufabsicht der Konsumenten mit dem Austausch einer „Nehmen" und einer „Geben" Komponente miteinander in Relation (Brunsø et al., 2002, p. 8). Erstere wird im Modell auf der ex ante Ebene als die *wahrgenommenen Merkmale* dargestellt (Grunert, 2005a, p. 58). Indes steht die „Geben" Komponente im Verständnis der *wahrgenommenen Kosten*, die in Form von monetären Mitteln aufgebracht werden müssen, um das Kleidungsstück zu erwerben (Grunert et al., 1996, p. 81; Grunert, 2005a, p. 58). Bei den verfügbaren Qualitätseigenschaften handelt es sich um Informationen, die zur Qualitätserwartung der Konsumenten verwendet werden und im Verständnis den Sucheigenschaften nach Nelson ähneln (Nelson, 1970, p. 312; Olson, 1977, p. 283; Steenkamp, 1990, pp. 312–313). Vor diesem Hintergrund werden Qualitätseigenschaften im Rahmen des TEFQM nach *intrinsischen* sowie *extrinsischen* Merkmalen voneinander abgegrenzt (Grunert et al., 1996, p. 82). Intrinsische Qualitätseigenschaften sind Teile des physischen Produktes und können nicht verändert werden, sofern nicht gleichzeitig das gesamte Produkt verändert wird (Brunsø et al., 2002, p. 9). Zu den intrinsischen Merkmalen gehören der Stil, das Design sowie die Farbe und Textur des Kleidungsstückes, welche bereits vor dem Kauf durch die haptische Wahrnehmung der Konsumenten inspiziert werden können (Abraham-Murali & Littrell, 1995, p. 66; Nelson, 1970, p. 312). Aufgrund der haptischen Wahrnehmung beruft sich das TEFQM auf die Annahme, dass der tatsächliche Kauf im Rahmen des stationären Handels stattfindet. Im TEFQM geht den intrinsischen Qualitätseigenschaften die *technische Produktspezifikation* voraus, welche als unternehmensspezifisches Fachwissen bezüglich des Produktionsprozesses der Kleidung verstanden werden kann (Grunert et al., 1996, p. 82). In diesem Zusammenhang versteht sich das spezifische Produktions- und Vertriebssystem von Fast Fashion Unternehmen als technische Produktspezifikation, da damit ein Fachwissen bezüglich der Massenproduktion und Komplexität der Wertschöpfungskette von Kleidung einhergeht (Koch, 2006, p. 124; Joy, Sherry, Wang, & Chan, 2012, p. 275; Shaw et al., 2006, pp. 430–433). Weiterhin stehen Produktionsprozesse der Händler und Hersteller von Slow Fashion im Verständnis der technischen Produktspezifkation, da somit eine verantwortungsvolle Produktion für die Umwelt, Menschen und Tiere gewährleistet werden sollte (Beard, 2008, pp. 450–451; Fletcher, 2010, pp. 262–263; Jung & Jin, 2014, p. 512). Extrinsische Qualitätseigenschaften stehen im unmittelbaren Zusammenhang mit dem Produkt, sind aber kein Teil des physischen Produktes (Brunsø et al., 2002, p. 9). Im Zuge dessen lassen sich die Marke, die Verpackung, der Store, das Label und der Preis als extrinsische Merkmale einordnen (Bernués, Olaizola, & Corcoran, 2003, p. 1096; Brunsø et al., 2002, p. 9). Aufgrund der geringen Wertschöpfungstiefe ist besonders die Marke als Kernkompetenz und Differenzierungsmerkmal eines Textilunternehmens zu verstehen (Koch, 2006, p. 125). Einerseits zählt der Preis der Kleidung zu den extrinsischen Merkmalen, andererseits steht der Preis gleichwohl im Zusammenhang mit den wahrgenommenen Kosten (Grunert et al., 1996, p. 81). Unter der Annahme, dass Konsumenten keine adäquaten Informationen über intrinsische Merkmale bereitgestellt bekommen, genießt der Preis für die Wahrnehmung der Produktqualität für den Konsumenten einen umso höheren Stellenwert (Zeithaml, 1988, p. 17). Umso höher der Preis ist, desto ausgeprägter ist die erwartete Produktqualität (Acebrón & Dopico, 2000, p. 231; Hatch & Roberts, 1985, p. 342; Valenzi & Andrews, 1971, pp. 89–91). Laut Szybillo und Jacoby (1974, pp. 77–78), sowie Olson und Jacoby (1972), werden intrinsische Merkmale im Vergleich mit extrinsischen Merkmalen als genauere Indikatoren der Produktqualität wahrgenommen. Gegensätzlich dazu wird beim TEFQM die Annahme getroffen, dass sowohl intrinsische, als auch extrinsische

Merkmale im gleichartigen Umfang verwendet werden, um die Produktqualität von Textilien zu bewerten, wobei die subjektive Wahrnehmung der Qualitätseigenschaften von Faktoren wie der Spontanität des Kaufs, dem Zeitdruck während des Kaufs sowie der Informationsbereitstellung der Produkteigenschaften beeinflusst wird und somit keine spezifischen Merkmale als genauere Indikatoren betrachtet werden (Grunert, 2005b, p. 371; Hatch & Roberts, 1985, p. 341). Dabei werden nur diejenigen Merkmale wahrgenommen und im TEFQM adaptiert, welche Einfluss auf die wahrgenommene Qualität des Produktes haben (Brunsø et al., 2002, p. 9). Weiterhin umfasst das TEFQM das *erwartete Kaufmotiv* bzw. die *erwartete Werterfüllung* (Grunert et al., 1996, p. 82). In diesem Zusammenhang können dem Konsumenten durch extrinsische Merkmale wie dem Label Produktinformationen bereitgestellt werden, welche sich auf die Erwartungen hinsichtlich der Produktqualität und die Kaufentscheidung auswirken (Brunsø et al., 2002, p. 10). Das erwartete Kaufmotiv bzw. die erwartete Werterfüllung hat einen Einfluss darauf, inwieweit unterschiedliche Qualitätseigenschaften wahrgenommen und vom Konsumenten evaluiert werden (Brunsø et al., 2002, p. 10). Die Annahme der Means-End-Chain-Theorie basiert im Folgenden darauf, dass Konsumenten den Kauf eines Produktes mit einer positiven Werterfüllung verbinden und dabei nicht per se an dem Produkt, sondern vielmehr an dem Bündel an Eigenschaften interessiert sind, welche wiederum das Kaufmotiv erfüllen (Grunert et al., 2001, pp. 63–67; Grunert, 2005a, p. 62; Gutman, 1982, pp. 71–72; Pieters, Baumgartner, & Allen, 1995, pp. 227–228). Abbildung 3 zeigt die Relation von Produkteigenschaften mit der damit einhergehenden Werterfüllung am Beispiel der Kaufentscheidung von ethischer Kleidung.

3 Das Total Ethical Fashion Quality Model

Abbildung 3: Means-End-Chain Ansatz am Beispiel ethischer Mode
Quelle: Eigene Darstellung in Anlehnung an Grunert (2005a, p. 61)

Nachdem aus Konsumentensicht das erwartete Kaufmotiv bzw. die erwartete Werterfüllung mit den wahrgenommenen Kosten abgewägt wurde, sich dabei positiv für eine Kaufentscheidung entschlossen wurde und ethische Kleidung im alltäglichen Gebrauch Einklang findet, umfasst das TEFQM auf der ex post Ebene die *Erfahrung der Qualität* (Grunert et al., 1996, p. 82). Dabei wird die Qualitätserwartung mit der Qualitätserfahrung in Relation gesetzt und anhand der Produktzufriedenheit die Wahrscheinlichkeit eines Wiederkaufs getroffen, was im Verständnis den Erfahrungseigenschaften nach Nelson (1970, p. 327) ähnelt. Im Zuge der modelltheoretischen Bezugnahme ethischer Kleidung zum TFQM wird das Modell um die Ebene der ethischen Produktinformationen erweitert, welche im Verständnis der Vertrauenseigenschaften nach Darby und Karni (1973, pp. 68–69) stehen. Somit wird verdeutlicht, dass ethische Produktinformationen weder vor, noch nach dem Kauf überprüft werden können, aber trotzdem Auswirkungen auf die Kaufentscheidung von Kleidung implizieren. Dabei vertraut der Konsument in vollem Maße auf die Label und Prüfzeichen des Produktes und der vom

19

Unternehmen bereitgestellten Informationen (Bonroy & Constantatos, 2008, pp. 237–240; Verbeke & Ward, 2006, pp. 453–454). Grundlegend handelt es sich bei der Ebene der ethischen Produktinformationen um eine immaterielle Ebene (Césare & Salaün, 1995, p. 211). Um den Einfluss ethischer Produktinformationen auf das Kaufverhalten von Mode künftig näher zu untersuchen, kann das TEFQM in Betracht gezogen werden, indem die Relation zwischen der Bewertung von Qualitätseigenschaften mit dem vom Kunden subjektiv wahrgenommenen Produktnutzen mit Hilfe multivariater Methoden wie der Conjoint-Analyse ermittelt wird (Green & Srinivasan, 1978, pp. 103–105, 1990, pp. 3–4; Grunert et al., 1996, p. 85; Moutinho & Meidan, 2003, pp. 203–204). Dabei sollten die aus Konsumentensicht wichtigsten, bereitgestellten ethischen Produktinformationen der Kleidung empirisch überprüft und im Modell adaptiert werden. Unter der Annahme des Vorhandenseins einer Attitude-Behaviour-Gap, bedarf es hinsichtlich der Ermittlung der relevantesten ethischen Produktinformationen der Verwendung eines diskursiven Interviews, da diese Technik es ermöglicht „Befragte direkt oder indirekt zur Begründung ihrer Handlungen, Handlungsorientierungen und Situationsdefinitionen zu veranlassen und sie darüber hinaus systematisch mit Widersprüchen und Inkonsistenzen in ihren Selbstdarstellungen zu konfrontieren" (Ullrich, 1999, p. 10). Gleichwohl bedarf das TEFQM in seiner Grundgesamtheit künftigen empirischen Untersuchungen, um dessen Gültigkeit im Hinblick auf eine praxisorientierte Anwendung zu validieren.

3 Das Total Ethical Fashion Quality Model

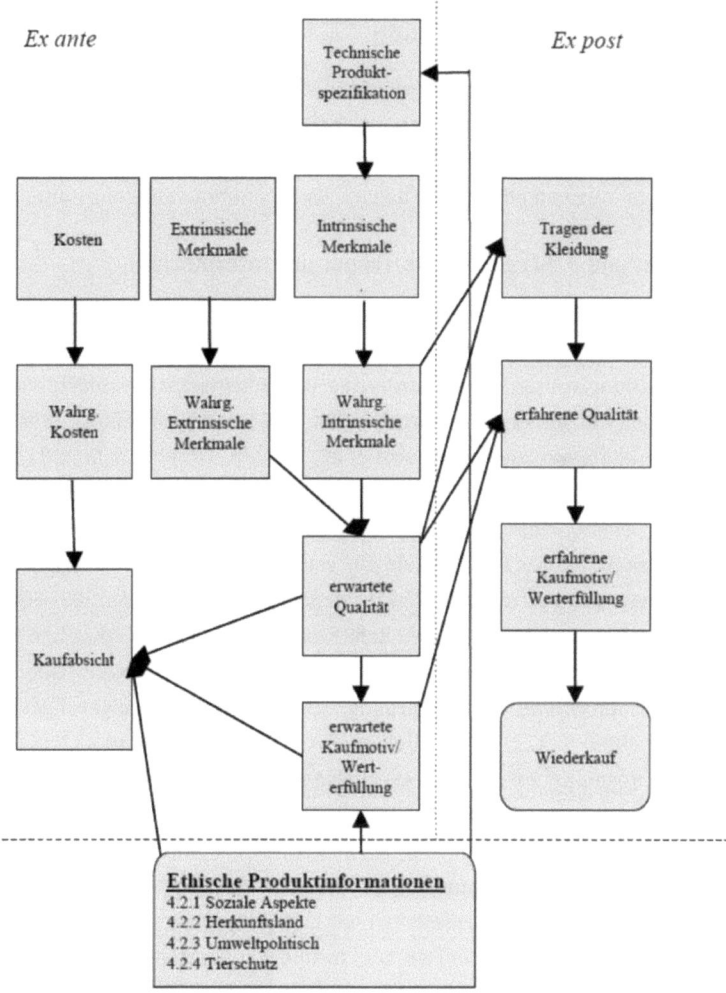

Abbildung 4: Das TEFQM
Quelle: Eigene Darstellung in Anlehnung an Grunert et al., 1996, p. 82

4 Umfang und Auswirkungen ethischer Produktinformationen auf die Kaufentscheidung

In den folgenden Unterkapiteln werden Label und Prüfzeichen der Modebranche als Träger der Information näher beleuchtet, sowie ethische Produktinformationen explizit verdeutlicht und voneinander abgegrenzt. Im Zuge dessen erfolgt eine Gegenüberstellung von positiv und negativ wahrgenommenen Informationen.

4.1 Label und Prüfzeichen als Träger der Information

Durch das gesellschaftliche Umdenken und dem Streben nach einem nachhaltigeren Konsumbewusstsein der Konsumenten, stehen Händler und Hersteller ethischer Kleidung vor der Herausforderung, produktspezifische Informationen in einem für den Konsumenten ansprechendem und strukturiertem Wege bereitzustellen und zu kommunizieren (Brunsø et al., 2002, p. 10; Jung & Jin, 2016, pp. 410–411). Gleichsam sollten Label, Prüfzeichen, Produktkennzeichnungen und sonstige Qualitätssiegel als Instrument für die Kommunikation ethischer Produktinformationen dienen, um das Bewusstsein der Verbraucher bezüglich ethischer Produkte anzukurbeln und Vertrauen zu gewährleisten (Gesser, 1998, pp. 501–502). Weiterhin sollten Label und Prüfzeichen dem Konsumenten neben ethischen Produktinformationen über den Herstellungsprozess, Informationen über den Verbrauch und Gebrauch, sowie der Entsorgung des Produktes, aufzeigen (Bougherara & Combris, 2009, p. 321; Von Wedel-Parlow, 2015, p. 68). Da es sich bei ethischen Produktinformationen um Vertrauenseigenschaften handelt, stellt sich die Bereitstellung der Informationen per Label und Prüfzeichen aus Konsumentensicht als Garantie für das Vorhandensein der ethischen Produktmerkmale dar (Darby & Karni, 1973, pp. 68–69; Giannakas, 2002, p. 36). Konträr dazu ist die Bereitstellung der ethischen Produktinformationen per Label und Prüfzeichen eher als rudimentär und ausbaufähig zu bewerten, was in Übereinstimmung mit der wissenschaftlichen Literatur steht (D`Souza et al., 2007, pp. 371–374; Giannakas, 2002, p. 35; Jahn et al., 2005, p. 53; Salaün & Flores, 2001, p. 23; Schenkel-Nofz & Walther, 2014, pp. 219–220; Verbeke, 2005, pp. 359–361). Maßgeblich sorgt die Uneinheitlichkeit, sowie unübersichtliche Vielzahl von Labeln und Prüfzeichen bei den Konsumenten für einen Informationsüberschuss und trägt dazu bei, die Kaufentscheidung nicht im Ermessen des ethischen Konsums zu treffen (Schenkel-Nofz & Walther, 2014, p. 229; Verbeke & Ward, 2006, p. 454). Da auch in der Modebranche ein großer Umfang an Labeln und Prüfzeichen vorzufinden ist, wird im Folgenden eine spezifische Auswahl präzisiert.

Einerseits weisen Label und Prüfzeichen ethischer Kleidung eine Zertifizierung auf, was bedeutet, dass ethische Produkteigenschaften durch vom Unternehmen unabhängigen, dritten Parteien, wie staatlichen Institutionen wie dem Bundesministerium des Inneren (BMI), Nichtregierungsorganisationen (NGOs) wie der Clean-Clothes-Campaign (CCC), oder anderweitigen Non-Profit-Organisationen (NPOs) wie der Fair Wear Foundation (FWF) überprüft werden und ohne Einhaltung der Richtlinien das Label oder Prüfzeichen nicht erhalten bzw. beibehalten (Atkinson & Rosenthal, 2014, p. 42; CCC, 2012a; Crane, 2001, pp. 371–372; FWF, 2017a; Jahn et al., 2005, p. 59). Andererseits erstellen sich multinationale Textilunternehmen wie „H&M" mit der *Conscious Collection* Label und Prüfzeichen einfach selbst, was bedeutet, dass Standards und Anforderungen unterschiedlicher Unternehmen nur schwer vergleichbar sind und deren Wahrhaftigkeit ohne unabhängige Überprüfung einer dritten Partei aus Konsumentensicht fragwürdig erscheinen kann (Bohn, 2013; Schaus, 2016, pp. 39–40; Zadek et al., 1998, pp. 21–22). Das Label des *Blauen Engels*, welches 1978 vom BMI im Markt integriert wurde und für die Einhaltung sozialer und ökologischer Kriterien einer breiten Produktpalette steht, zertifiziert seit 2011 auch Textilien (RNE, 2016). Aufgrund hoher Umweltrichtlinien sind bis dato noch keine Textilien mit dem *Blauen Engel* ausgezeichnet worden (Blauer Engel, 2017). Das Label *Standard 100 by Oeko-Tex* wurde 1992 entwickelt, ist in 90 Ländern zugänglich und wurde mehr als 160.000 mal zur Zertifizierung von Textilien genutzt (Oeko-Tex, 2017; RNE, 2016). Zwar konzentriert sich das Label auf die Schadstoffprüfung am Endprodukt und schafft damit Standards für grüne Mode, lässt aber die sozialen Aspekte entlang der Wertschöpfungskette weitestgehend außer Acht (RNE, 2016). Neben ökologischen Standards fokussiert sich der im Jahr 2016 neu etablierte Textilstandard von Fairtrade Deutschland und das Label *Fairtrade Textile Production*, auf faire Produktionsbedingungen entlang des gesamten Herstellungsprozesses (Fairtrade Deutschland, 2017; RNE, 2016). Dabei werden ethische Produktinformationen, neben dem Label *Fairtrade Textile Production*, durch einen zum Kleidungsstück individuellen Text, kommuniziert (Fairtrade, 2017). Im Zusammenhang mit zertifizierten Labels und Prüfzeichen der Modebranche sind beispielsweise noch das *Europäische Umweltzeichen, Bluesign, Cradle to Cradle,* das Label *Naturtextil IVN*, das Label der *FWF*, sowie *Global Organic Textile Standards* zu nennen, deren Erläuterung jedoch das Ausmaß dieser Arbeit unnötig ausweiten würde (Birk, 2015, p. 200; Llorach-Massana, Farreny, & Oliver-Solà, 2015, p. 243; RNE, 2016). Unabhängig davon, ob Labels und Prüfzeichen vom Unternehmen eigenständig integriert oder durch unabhängige Dritte überprüft werden, agieren Label und Prüfzeichen im Verständnis des TEFQM als extrinsische

Merkmale und Sucheigenschaften, sowie Träger der ethischen Produktinformation, welche sich auf das erwartete Kaufmotiv, sowie die Kaufabsicht auswirken (Bernués et al., 2003, p. 1096). Welche ethischen Produktinformationen dabei von Relevanz sind, wird im folgenden Unterkapitel explizit verdeutlicht.

4.2 Klassifizierung und Charakteristika der Informationen

Bezüglich ethischer Produktinformationen wurde ein näheres Verständnis generiert, das TEFQM ausgearbeitet und die Bereitstellung der Information per Label und Prüfzeichen verdeutlicht. Folglich werden ethische Produktinformationen in den nächsten Unterkapiteln nach sozialen Aspekten, Herkunftsland, umweltpolitischen Gegebenheiten, sowie Tierschutz voneinander abgegrenzt.

4.2.1 Soziale Aspekte entlang der Wertschöpfungskette

Im 19. Jahrhundert wurde durch den Fortschritt von manueller hin zur mechanischen Herstellung und ausgereiften Entwicklung von Chemiefasern der Grundstein für multinationale Textilunternehmen geschaffen, da Herstellungskosten signifikant reduziert werden konnten (Banz, 2015a, p. 35; Koch, 2006, p. 125). Dabei schaffen es Fast Fashion Unternehmen durch Outsourcing in Entwicklungsländer die gesamte Produktion auf unabhängige Subunternehmen zu verlagern, welche geringe Lohnkosten gewährleisten und Vorlaufzeiten reduzieren können (Barnes & Lea-Greenwood, 2006, p. 262; Koch, 2006, p. 126–127). Aufgrund der geringen Wertschöpfungstiefe der Produktion konzentrieren sich führende Textilunternehmen hinsichtlich der unternehmensspezifischen Kernkompetenzen maßgeblich auf das Marketing, die Markenführung sowie das Design der Kollektionen und fördern dabei soziale Aspekte entlang der Wertschöpfungskette von Unternehmen zu Unternehmen andersartig (Koch, 2006, p. 125). Abbildung 5 veranschaulicht einen Abschnitt der Wertschöpfungskette gemäß *ausgelagerter Produktionsstätten*.

Abbildung 5: Abschnitt der Wertschöpfungskette der Modebranche
Quelle: Eigene Darstellung in Anlehnung an Koch, 2006, p. 124

Unglücksfälle wie der Einsturz der Produktionsstätte „Rana Plaza" in Bangladesch, bei dem knapp 1500 Menschen im Jahr 2013 ihr Leben verloren oder

Brandkatastrophen, wie die der Fabrik „Ali Enterprises" in Pakistan mit mehr als 300 Todesopfern, sorgen dafür, dass die Thematik sozialer Missstände ausgehend von der Modebranche im öffentlichen Diskurs steht (CCC, 2012b; Günseli & Van der Meulen Rodgers, 2010, pp. 65–70; Maher, 2014). Inwieweit dabei Textilunternehmen die Aufgabe haben, sichere und soziale Zustände in den von ihnen beauftragten Subunternehmen in Entwicklungsländern zu gewährleisten, steht im direkten Zusammenhang mit der unternehmensspezifischen CSR (Perry, 2012, pp. 141–145). Einerseits schafft die Diskussion im öffentlichen Diskurs um soziale Aspekte entlang der gesamten Wertschöpfungskette eine Grundlage dafür, dass Textilunternehmen mehr Nachhaltigkeit sowie soziale Verantwortung bestreben und im Zuge dessen ethische Produktinformationen bereitstellen (Bhuiyan, 2015, p. 140-141; Joy et al., 2012, pp. 274–275). Andererseits decken Studien von NGOs und NPOs wie „The Myanmar Dilemma" soziale Missstände in Produktionsstätten von Fast Fashion auf, was die Glaubwürdigkeit von ethischen Produktinformationen aus Konsumentensicht fragwürdig erscheinen lässt (Theuws & Overeem, 2017, pp. 11–16). Verdeutlichen lassen sich die sozialen Missstände in Sweatshops in Myanmar dadurch, dass mitunter keine sichere Arbeitsbedingung mit einer würdigen Entlohnung gewährleistet ist sowie Kinderarbeit zugelassen wird (Prasad, Kimeldorf, Meyer, & Robinson, 2004, pp. 57–58; Theuws & Overeem, 2017, p. 11). Besonders die Kinderarbeit steuert aus Konsumentensicht zu einer Ablehnung des Produktes bei (Auger, Burke, Devinney, & Louviere, 2003, p. 296; Balineau & Dufeu, 2010, pp. 341–342; De Pelsmacker et al., 2005, p. 364). Im Rahmen einer Studie von FEMNET e.V. weisen Burckhardt und Klecko (2016, p. 1) auf eine Form von Sklaverei in südindischen Spinnereien hin, wo Mädchen zwischen 14 und 18 Jahren unter inhumanen Arbeitsbedingungen arbeiten und dabei mit einem Monatslohn von 19 Euro lediglich 16 Prozent des ihnen zustehenden Lohnes erhalten. Um solchen Auswirkungen entgegenzuwirken schafft die Internationale Arbeitsorganisation (IAO), eine Sonderorganisation der Vereinten Nationen, durch die vier Grundprinzipien „Vereinigungsfreiheit und Recht auf Kollektivverhandlungen", „Beseitigung der Zwangsarbeit", „Abschaffung der Kinderarbeit" und „Verbot der Diskriminierung in Beschäftigung und Beruf" und weiteren Kernarbeitsnormen, grundlegende Standardrichtlinien zur Förderung sozialer Aspekte und Beseitigung von Sweatshops (IAO, 1998, p. 5). Strittig ist in diesem Kontext, dass die Anwendung einzelner Kriterien aufgrund der differenzierten Gesetzeslage eines jeden Landes nicht die gleiche Relevanz genießt (Mürle, 2006, pp. 45–47). Trotzalledem tragen die IAO-Grundprinzipien eine bedeutende Rolle hinsichtlich der Förderung sozialer Aspekte inne (IAO, 2017).

Aufgrund der Komplexität der Lieferkette und Vergabe von Produktionsaufträgen an etliche Subunternehmen ist es aus Konsumentensicht schwierig abzuwägen, welche Textilunternehmen soziale Aspekte entlang der gesamten Wertschöpfungskette wirklich fördern und die bereitgestellten ethischen Produkinformationen vertrauenswürdig kommunizieren (Shaw et al., 2006, pp. 134–137). Demgemäß ist es für Händler und Hersteller fairer Kleidung von besonderer Relevanz, dem Konsumenten nicht nur durch die Bereitstellung der ethischen Produktinformationen zu verdeutlichen, dass ihre Kleidung unter fairen und sicheren Arbeitsbedingungen hergestellt wurde (Jung & Jin, 2016, pp. 410–411). Vielmehr sollte auf die gegenwärtige Situation in Produktionsstätten in Entwicklungsländern hingewiesen werden und medial Aufmerksamkeit generiert werden, dass mitunter Fast Fashion Unternehmen misanthropisch agieren, indem soziale Aspekte entlang der gesamten Wertschöpfungskette nur unzureichend beachtet werden (Kim, Forney, & Arnold, 1997, p. 152; Schenkel-Nofz & Walther, 2014, p. 231; Trudel & Cotte, 2009, p. 68). Da laut Shaw et al. (2006, p. 436) mehr als ein Drittel aller Befragten ethische Produktinformationen über das Herkunftsland als Schlüsselattribut hinsichtlich der Bewertung sozialer Aspekte ansehen, erfolgt im nächsten Unterkapitel eine länderspezifische Abgrenzung.

4.2.2 Herkunftsland

Der positive oder negative Einfluss der kommunizierten Information über das Herkunftsland des Produktes auf die Wahrnehmung der Konsumenten wird in der wissenschaftlichen Literatur als „country of origin effect" (COE) bezeichnet und länderspezifisch untersucht (Nagashima, 1970, p. 74; Piron, 2000, pp. 308–309; Schooler, 1965, pp. 396–397). Mitunter wird in der wissenschaftlichen Literatur die Annahme getroffen, dass der COE nicht existiert oder der Einfluss auf die Kaufentscheidung der Konsumenten als geringfügig zu betrachten ist (Erickson, Johansson, & Chao, 1984, pp. 694–695; Johansson, Douglas, & Nonaka, 1985, p. 395; Olson & Jacoby, 1972). Da sich Produktinformationen über das Herkunftsland im Rahmen des TEFQM auf die Kaufabsicht und das erwartete Kaufmotiv auswirken und der Konsens der wissenschaftlichen Literatur die Annahme einer Inexistenz widerlegt, wird im Folgenden der Einfluss von Informationen über das Herkunftsland auf das Kaufverhalten von Kleidung näher beleuchtet (Auger et al., 2010, p. 140; Balabanis & Diamantopoulos, 2004, pp. 80–81; Elliott & Cameron, 1994, pp. 49–51). Als Träger der Informationen über das Herkunftsland werden überwiegend „made in labels" eingesetzt, welche die Kaufentscheidung des Konsumenten beeinflussen und im Verständnis des TEFQM als extrinsische Merkmale agieren (Melnyk, Klein, & Völckner, 2012, pp. 21-22). Im Rahmen der Auslagerung der Produktion haben sich länderspezifische Spezialisierungen ergeben, wobei sich Produktionsstätten in China maßgeblich auf die Arbeit mit Kunstfasern fokussieren und in Indien Baumwolltextilien verarbeitet werden (Koch, 2006, p. 126). Doch auch in kleineren asiatischen Entwicklungsländern ist der Textilsektor eine tragende Säule der gesamten Volkswirtschaft, was sich dadurch verdeutlichen lässt, dass beispielsweise in Bangladesch, Haiti oder Kambodscha mehr als 80 Prozent der Exporte auf Textilien zurückzuführen sind (Allwood et al., 2006, p. 10). Vom Baumwollanbau bis in den Kleiderschrank der Konsumenten legen Textilien einen immensen Weg zurück (Banz, 2015a, pp. 38-39; Femnet, 2016). Bezogen wird die Baumwolle beispielsweise aus Usbekistan, um in Indien in Spinnereien weiterverarbeitet zu werden (Allwood et al., 2006, p. 65; Djanibekov, Rudenko, Lamers, & Bobojonov, 2010, p. 13). Anschließend wird die Kleidung in China oder Indonesien gefärbt und in Bangladesch oder Kambodscha zusammengenäht, um für Konsumenten in westlichen Ländern im Geschäft erhältlich zu sein (Banz, 2015a, pp. 38-39; Femnet, 2016). Umso günstiger die Produktion in den jeweiligen Entwicklungsländern ist, desto interessanter wird das Land für die Verlagerung der Produktion führender Textilunternehmen (Kamann & Van Nieulande, 2010, pp. 64-66; Porter & Kramer, 2011, p. 70). Nachdem im Jahr 2013 für Myanmar Sanktionen der ILO aufgehoben wurden, fokussieren sich Fast Fashion Unternehmen aufgrund von unterdurchschnittlichen Niedriglöhnen mehr und mehr auf das bis 2011 vom Militär kontrollierte Land (Mühlmann, 2011; Theuws & Overeem, 2017, pp. 31-32). Das in den in Myanmar ansässigen Produktionsstätten von Textilien laut der Studie „The Myanmar Dilemma" unter inhumanen Arbeitsbedingungen gefertigt wird, hindert führende Textilunternehmen dabei nicht (Theuws & Overeem, 2017, pp. 10-16). Der deutsche Textilhändler „Takko", der seit 2011 Mitglied der FWF ist, kommuniziert nicht transparent, in welchen Produktionsstätten in Myanmar gefertigt wird, was aus Konsumentensicht Unglaubwürdigkeit gegenüber dem Unternehmen und der von der FWF bereitgestellten Informationen, impliziert (FWF, 2017b; Theuws & Overeem, 2017, pp. 104-105). Informationen über das Herkunftsland beeinflussen den Konsumenten bezüglich dessen Kaufentscheidung (Elliott & Cameron, 1994, pp. 49-50; Piron, 2000, p. 308; Verbeke & Ward, 2006, p. 453). In Bezug auf die Bereitstellung ethischer Produktinformationen treten dabei aus Konsumentensicht dreierlei Problematiken auf: Erstens ist aufgrund der Komplexität des Herstellungsprozesses in diversen Ländern schwierig abzuwägen, wo die Kleidung maßgeblich produziert wurde (Banz, 2015a, pp. 38-39; Femnet, 2016). Zweitens ist die Annahme zu treffen, dass das Wissen der Konsumenten über gegenwärtige Situationen in Entwicklungsländern als geringfügig zu bewerten ist, insofern jene nicht in der medialen Aufmerksamkeit stehen (Boulstridge & Carrigan, 2000, p. 360; Shaw et al., 2006, p. 435). Demzufolge ist die Bewertung der bereitgestellten Information über das Herkunftsland in Bezug auf die Kaufentscheidung schwierig abzuwägen. Drittens wird der Konsument durch unternehmensspezifische Foreign Branding Strategien beeinflusst, was bedeutet, dass Unternehmen dem Konsumenten durch den Markennamen ein anderweitiges länderspezifisches Image als das eigentliche Herkunftsland des Produktes übermitteln (Leclerc, Schmitt, & Dubé, 1994, pp. 263-264). Als Beispiel einer Foreign Branding Strategie in Bezug auf die Modebranche ist der deutsche Textilhändler „Bruno Banani" zu nennen, welcher aufgrund dessen Markennamen, Italien als Herkunftsland suggeriert (Müller & Gelbrich, 2015, p. 360). Inwieweit bereitgestellte Informationen über das Herkunftsland bewusst von Textilunternehmen kommuniziert werden, um eventuelle soziale Missstände entlang der gesamten Wertschöpfungskette intransparent zu machen, bedarf künftiger empirischer Untersuchungen durch unabhängige dritte Parteien (Melnyk et al., 2012, pp. 33-34). Da die Produktion von Textilien in unterschiedlichen Herkunftsländern auch ökologische Auswirkungen zur Folge hat, werden im nächsten Unterkapitel ethische Produktinformationen über umweltpolitische Gegebenheiten näher beleuchtet.

4.2.3 Umweltpolitische Gegebenheiten

Neben einer sozialen Verantwortung für Menschen entlang der gesamten Wertschöpfungskette, bezieht sich der ethische Konsum bezüglich Textilien gleichwohl auf umweltpolitische Auswirkungen und einen ressourcenschonenden Einsatz (Auger & Devinney, 2007, pp. 362-363; Carrigan, Szmigin, & Wright, 2004, p. 401). Dabei sind bereits die ersten Maßnahmen des Herstellungsprozesses wegweisend, ob die Produktion von Textilien im Ermessen nachhaltiger Mode fundiert (Femnet, 2016; Goworek, 2011, p. 74). Der hohe Wasserverbrauch beim konventionellen Anbau von Baumwolle[1] hat ökologische Auswirkungen, wie die Austrocknung des Aralsees in Zentralasien (Meyer, 2001, p. 87). Um solchen Auswirkungen entgegenzuwirken, fokussieren sich Händler und Hersteller nachhaltiger Mode auf den Anbau sowie die Verarbeitung von Bio-Baumwolle (Greenpeace, 2016a, pp.

---

[1] Der Wasserverbrauch beim Baumwollanbau beträgt 3600 - 26.900 Kubikmeter Wasser pro Tonne Baumwolle (Zietlow, 2015, p. 150).

25-26; Ha-Brookshire & Norum, 2011, p. 350; Pookulangara & Shephard, 2013, p. 203). Neben dem hohen Wasserverbrauch wirkt sich der Einsatz von giftigen Chemikalien und Pestiziden schädlich auf die Umwelt, sowie gesundheitsschädigend auf die Arbeitnehmer in den Produktionsstätten von Textilien aus (Allwood et al., 2006, p. 14; Meyer, 2001, p. 88). Demzufolge spiegelt sich die Farbe aktueller Mode-Kollektionen durch die Verunreinigung von Farbstoffen in chinesischen Flüssen wieder (Greenpeace, 2016a, pp. 6–10; Xie et al., 2013, p. 7). Obwohl der Einsatz von giftigen Chemikalien wie Nonylphenolethoxylate (NPE) laut des Bundesministeriums für Umwelt, Naturschutz, Bau und Reaktorsicherheit (BMUB) nach EU-Richtlinien verboten ist, weist eine Studie auf die Konzentration von NPE in mehr als 60 Prozent aller getesteten Kleidungsstücke hin, was auf unzureichende Kontrollen importierter Textilien zurückzuführen ist (BMUB, 2003; Greenpeace, 2012, p. 3). Dabei weisen vor allem die Marken „C&A", „Calvin Klein" sowie „GAP" eine besonders hohe NPE-Konzentration auf und tragen die Verantwortung dafür, dass unternehmensspezifische CSR-Aktivitäten und die bereitgestellten ethischen Produktinformationen aus Konsumentensicht an Glaubwürdigkeit verlieren (Greenpeace, 2012, pp. 5, 35; Perry, 2012, pp. 141–145; Shaw et al., 2006, p. 431). Gegensätzlich dazu sollten sich kleinere Händler und Hersteller grüner und organischer Mode auf eine vertrauenswürdige Bereitstellung der Informationen über umweltpolitische Gegebenheiten fokussieren, um Informationsasymmetrien abzubauen, Glaubwürdigkeit zu gewährleisten und dem gesteigerten Bewusstsein der Konsumenten nach mehr Nachhaltigkeit gerecht zu werden (Greenpeace, 2016a, p. 5; Verbeke, 2008, p. 286). Vor dem Hintergrund, dass in Deutschland bis zu 27 Kilogramm pro Kopf im Jahr an neuwertiger Kleidung erworben und knapp 15 Kilogramm als Altkleidung entsorgt werden, sollten ethische Informationen auch Handlungsmöglichkeiten über die Entsorgung im Rahmen recycelter Mode aufweisen (Banz, 2015b, p. 30; Hiller Connell, 2010, p. 279). Demgemäß ist der deutsche Fußballverein „FC Bayern München" als Beispiel zu nennen, welcher in einem Spiel Trikots trug, welche zu 100 Prozent aus recyceltem Müll aus den Weltmeeren gefertigt wurden, was medial große Aufmerksamkeit generierte (Dreis, 2016). Im Rahmen des TEFQM wirken sich neben Informationen über das Produkt an sich, auch extrinsische Merkmale, wie die Verpackung, auf das erwartete Kaufmotiv sowie die Kaufabsicht aus (Brunsø et al., 2002, p. 9; imug Konsumstudie, 2014, p. 72). Laut Rokka und Uusitalo (2008, p. 516) genießt eine umweltfreundliche Verpackung hinsichtlich der Kaufentscheidung bei den Konsumenten einen hohen Stellenwert. Demgemäß bieten mehr und mehr

Textilhändler Plastiktüten nur noch gegen einen Aufpreis an, was laut einer durch Statista erhobenen Studie vom Großteil der Bevölkerung befürwortet wird (Statista, 2016). Im Zuge dessen werden Verpackungsmaterialien im Sinne der Wiederverwendbarkeit standardisiert, um negative Umweltbelastungen zu minimieren und dabei im Ermessen der Absicht der Konsumenten zu handeln (Bundesregierung, 2016; Dehmer & Kramer, 2016). Da sich der Herstellungsprozess, sowie die Entsorgung von Textilien auf die natürliche Umwelt und somit auf den Lebensraum allerlei Tierarten auswirkt, erfolgt im nächsten Unterkapitel eine Abgrenzung von ethischen Produktinformationen hinsichtlich des Tierschutzes.

4.2.4 Tierschutz

Neben Informationen über soziale Aspekte, das Herkunftsland sowie umweltpolitischen Gegebenheiten, stellt sich der Tierschutz als Teilaspekt ethischer Produktinformationen dar (De Pelsmacker, Driesen, & Rayp, 2005, p. 363). Laut einer Studie der Arbeitsgemeinschaft Verbrauchs- und Medienanalyse (VuMA) stimmen mehr als 50 Millionen Verbraucher der deutschsprachigen Bevölkerung der Aussage „Ich lege sehr viel Wert darauf, dass Produkte, die ich kaufe, von Tieren aus artgerechter Haltung stammen" grundlegend zu, oder voll und ganz zu (VuMA, 2016, p. 6). Eine ähnliche Erkenntnis spiegelt auch die Arbeit von Auger et al. (2008, p. 187) wieder, da das Testen an Tieren, neben Kinderarbeit, die größte Einflussnahme hinsichtlich der Kaufentscheidung ethischer Produkte im Rahmen ihrer empirischen Auswertung impliziert. Um dabei der gesteigerten ConSR gerecht zu werden und dem Verbraucher die Möglichkeit zu gewährleisten, Produktinformationen von FMCG mit besonders hohen Tierschutzstandards zu identifizieren, unterstützt das Bundesministerium für Ernährung und Landwirtschaft (BMEL) das Tierschutzlabel des Deutschen Tierschutzbundes, und fordert jenes auf europäischer Ebene zu implementieren (BMEL, 2016). In der wissenschaftlichen Literatur kategorisiert sich die Thematik über Tierwohl maßgeblich auf die Lebensmittelbranche, sowie das Testen an Tieren bei kosmetischen Produkten (Auger et al., 2008, p. 190; Crane, 2001, pp. 264–265; Grunert, 2005, p. 369; Loureiro & Lotade, 2005, p. 131). Doch auch in der Modebranche herrschen Missstände bei der Herstellung von Pelz, Leder, Wolle, Seide und Daunen, indem Tiere misshandelt und ausgebeutet werden, was durch die weltweit größte Tierschutzorganisation „People for the Ethical Treatment of Animals" (PETA) aufgedeckt und dem Verbraucher jene Informationen durch diverse Kampagnen und Artikel transparent kommuniziert werden (PETA, 2017).

Laut einer Studie der GfK (2016, p. 4) befürworten knapp 80 Prozent der Befragten ein grundlegendes Verbot von Pelztierfarmen in Deutschland. Konträr dazu handelt es sich bei der Pelz-Mode um einen Sektor der Bekleidungsindustrie und des Luxusgütermarktes, der vor allem im asiatischen Raum zunehmende Beliebtheit genießt (Handelsblatt, 2013; Hofstetter, 2014, p. 3). Weiterhin sind sich Verbraucher aufgrund einer falschen Deklaration oftmals gar nicht bewusst, dass es sich bei dem von ihnen suggerierten Kunstpelz um Echtpelz handelt, was im Rahmen einer vertrauenswürdigeren und strukturierteren Bereitstellung der Information nicht stattfinden würde (Berens, 2015; Süddeutsche Zeitung, 2015; Zürcher Tierschutz, 2015). Zwar spiegelt der Konsens der wissenschaftlichen Literatur wider, dass es sich bei Tierschutz um einen Unterpunkt des ethischen Konsums handelt, welcher sich auf die Kaufentscheidung der Konsumenten auswirkt (Carrigan et al., 2004, p. 401; De Pelsmacker et al., 2005, p. 363). Inwieweit dabei jedoch die Kaufentscheidung explizit durch die Bereitstellung von Informationen über den Tierschutz beeinträchtigt wird, sollte im Rahmen künftiger empirischer Arbeiten präziser ermittelt werden (Crane, 2001, pp. 364–365).

4.3 Gegenüberstellung von positiv und negativ wahrgenommenen Informationen

„Their image is everything. They live or die by their image. That gives you certain power over them" (Greenhouse, 1996). Damit verdeutlicht der Executive Director der NGO „Institute for Global Labour and Human Rights" Charles Kernaghan, dass sich kommunizierte Informationen positiv oder negativ auf die Kaufentscheidung von Textilien auswirken und Konsumenten dabei bewusst ihre Position als Stakeholder geltend machen können (Bullert, 2000, p. 405; Verbeke, 2005, pp. 347, 358). Einerseits impliziert die gesteigerte ConSR, für Textilunternehmen die Chance eines Wettbewerbsvorteils gegenüber konkurrierenden Marktteilnehmern, indem sich zielgerichtet an die Bedürfnisse der Konsumenten angepasst und Slow Fashion im Markt etabliert wird (Hiller Connell, 2010, p. 284). Durch eine vertrauenswürdige Bereitstellung ethischer Produktinformationen sollen Konsumenten motiviert werden, ihr gesteigertes Bewusstsein hinsichtlich eines nachhaltigeren Konsums auch auf ihre tatsächliche Kaufentscheidung zu übertragen, was laut Friedman (1996, p. 439) im Verständnis eines „consumer buycotts" steht. Da Slow Fashion in der Branche gegenwärtig noch eine Marktnische einnimmt, sollten sich kleinere Modeunternehmen wie beispielsweise „Armedangels" oder „hessnatur" ihrer

Vorreiterrolle zunehmend bewusst werden, um das Verantwortungsbewusstsein gegenüber Menschen, Tieren und der Umwelt auf gesellschaftlicher und unternehmerischer Ebene zu fördern (Koch, 2008; Shaw et al., 2006, pp. 430-432; Sommer, 2014, pp. 183-185). Andererseits kann sich die Bereitstellung ethischer Produktinformationen negativ auf die Reputation von Textilunternehmen auswirken, indem unzuverlässige ethische Informationen unternehmensspezifisch kommuniziert werden, oder das Unternehmen im öffentlichen Diskurs steht, da Missstände innerhalb der Wertschöpfungskette durch unabhängige dritte Parteien aufgedeckt werden (Verbeke, 2005, pp. 357-359). Demgemäß stehen multinationale Textilunternehmen in der Kritik, welche nicht im Rahmen der von ihnen kommunizierten CSR handeln (Perry, 2012, pp. 141-145). In der wissenschaftlichen Literatur werden dabei überwiegend die Unternehmen „Nike", „H&M", „GAP" sowie „Mammut" als Beispiel herangezogen (Bullert, 2000, pp. 405-406; Crane, 2001, p. 361; Goworek, 2011, p. 74; Greenpeace, 2016b, p. 6; Jung & Jin, 2016, pp. 410-411). Trudel und Cotte (2009, pp. 62-64) kommen in ihrer Arbeit über den Einfluss von Informationen auf die Kaufentscheidung zu dem Ergebnis, dass negativ belastete Informationen eine fast doppelt so große Auswirkung auf die Kaufbereitschaft haben als positive Informationen. Jenes Ergebnis spiegelt sich im Konsens der wissenschaftlichen Literatur wider (Folkes & Kamins, 1999, p. 244; Hayes, Fox, & Shogren, 2002, p. 185; Verbeke, 2005, pp. 358-359). Nach Baumeister, Bratslavsky, Vohs, und Finkenauer (2001, p. 344) ist eine negative Reputation einfach zu akquirieren, sowie schwer zu verlieren und eine positive Reputation vice versa schwer zu akquirieren, jedoch einfach zu verlieren. Um künftige negative Reputationen ausgehend von ethischen Produktinformationen vorzubeugen, werden im nächsten Kapitel Implikationen für Händler und Hersteller ausgearbeitet.

5 Implikationen für Händler und Hersteller

Informationsasymmetrien tragen dazu bei, dass es sich bei Slow Fashion gegenwärtig um eine Marktnische handelt, sodass im Folgenden praxisorientierte Implikationen für eine strukturierte Bereitstellung ethischer Produktinformationen hergeleitet werden (Schenkel-Nofz & Walther, 2014, p. 215). Mitunter fokussieren sich Textilunternehmen und Prüfzeichen lediglich auf Teilaspekte des ethischen Konsums, indem beispielsweise durch die Implementierung grüner Mode im Markt, Auswirkungen auf die Umwelt minimiert, jedoch soziale Aspekte sowie der Tierschutz vernachlässigt werden (Lu, Chang, & Chang, 2013, p. 207). Um im Ermessen des ethischen Konsums zu handeln, bedarf es einer interdisziplinären Ausrichtung des Unternehmens, welche ein verantwortungsvolles Bewusstsein gegenüber Menschen, Tieren sowie der Umwelt impliziert und dabei ethische Produktinformationen vertrauenswürdig kommuniziert (Strong, 1996, p. 5). Im Rahmen der Bereitstellung ethischer Produktinformationen beeinflusst das Vertrauen maßgeblich die Kaufentscheidung und ist nach Thiede (2005, p. 1452) Grundvoraussetzung für die Wirksamkeit von Informationen, was von Händlern und Herstellern künftig spezifischer berücksichtigt werden sollte. Aus Konsumentensicht tragen neben Unternehmen, staatliche Institutionen wie das BMI, BMEL, BMUB sowie das BMZ, Verantwortung für die Gewährleistung vertrauenswürdiger ethischer Produktinformationen (Schenkel-Nofz & Walther, 2014, p. 229). De Jure trägt der Artikel 20a des deutschen Grundgesetzes dazu bei, dass der Staat Verantwortung für Umwelt- sowie Tierschutz gewährleistet. Einerseits trägt der Staat durch das Inkrafttreten des Verbraucherinformationsgesetzes dazu bei, dass Konsumenten der Zugang zu Produktinformationen erleichtert wird (BMEL, 2012). Andererseits bedarf es hinsichtlich der Bereitstellung ethischer Produktinformationen innerhalb der Modebranche die Einführung grundlegender Richtlinien, welche durch unabhängige Kontrollen die Wahrhaftigkeit der kommunizierten Information überprüfen. Im Rahmen des „Bündnisses für nachhaltige Textilien", welches im Jahr 2014 gegründet wurde und sich aus Vertretern der Wirtschaft, NGOs sowie anderweitigen Gruppierungen zusammenschließt, sollten sich kleinere Händler und Hersteller von Slow Fashion stärker auf die Aufdeckung von Missständen innerhalb der Lieferkette multinationaler Textilunternehmen fokussieren (BMZ, 2015). Der deutsche Schuhhersteller „MEINDL" schafft durch die Möglichkeit des Herkunftsnachweises des verwendeten Leders vollkommene Transparenz innerhalb der Lieferkette und kann dabei als Vorreiter für weitere Händler und Hersteller angesehen werden (MEINDL, 2017). Inwieweit dabei Informationsasymmetrien vom

Konsumenten abgebaut werden, sowie höhere Absatzzahlen generiert werden können, bedarf künftiger empirischer Untersuchungen des Unternehmens. Um das Wissen der Konsumenten auszubauen, sowie Informationsasymmetrien abzubauen, könnten ethische Produktinformationen mit Hilfe eines Quick-Response-Codes (QR) am Kleidungsstück für den Konsumenten transparenter kommuniziert werden (Watson, Mccarthy, & Rowley, 2013, p. 847). Gerhardt und Richter (2015, p. 3) weisen im Rahmen einer GfK-Studie darauf hin, dass knapp 20 Prozent der Befragten QR-Codes scannen, um mehr Informationen über ein Produkt auf ihrem mobilen Endgerät zu erhalten. Strähle und Girwert (2016, p. 7) kommen in ihrer Arbeit zu dem Ergebnis, dass sich die Bereitstellung ethischer Produktinformationen von Kleidung per QR-Code positiv auf die Konsumenten auswirkt und zur Informationssuche anregt. Da das Ergebnis jener Arbeit aufgrund einer kleinen Stichprobe mit 65 Probanden stark limitiert ist, bedarf es künftigen empirischen Untersuchungen und dazugehörigen experimentellen Pilotprojekten von Textilhändlern, inwieweit Informationsasymmetrien durch die Bereitstellung ethischer Produktinformationen per QR-Code beim Konsumenten abgebaut werden können.

6 Fazit und Ausblick

Um den Einfluss ethischer Produktinformationen auf das Kaufverhalten der Konsumenten am Beispiel der Modebranche zu untersuchen, wurde zunächst verdeutlicht, dass es nach Crane (2001, p. 362) keine vollkommen ethischen Produkte gibt, sondern das Endprodukt vom Konsumenten im Sinne des „erweiterten Produktes" als ein Bündel wahrgenommener Nutzen verstanden wird (Kotler et al. 2011, p. 589). Ethische Produktinformationen implizieren eine Verantwortung für Menschen, Tiere sowie die Umwelt (Strong, 1996, p. 5). Da ethische Produktinformationen weder vor, noch nach dem Kauf vom Konsumenten überprüft werden können, stehen sie im Verständnis der Vertrauenseigenschaften nach Darby und Karni (1973, p. 69). Einerseits besteht auf gesellschaftlicher Ebene ein zunehmendes Bewusstsein für nachhaltiges Handeln (Auger et al., 2003, p. 281). Andererseits verdeutlicht der Konsens der wissenschaftlichen Literatur, sowie die Auswahl an praxisorientierten Beispielen, dass die Kaufentscheidung nicht im Ermessen des ethischen Konsums getroffen wird, da die Bereitstellung ethischer Produktinformationen aus Konsumentensicht nicht vertrauenswürdig erscheint oder einen Informationsüberschuss zur Folge hat (Verbeke & Ward, 2006, p. 454). Mitunter wurde in der Arbeit von Untersuchungen Gebrauch gemacht, welche auf FMCG zurückzuführen sind, da jene in der wissenschaftlichen Literatur einen größeren Stellenwert als Kleidung genießen (Grunert, 2005b, p. 373). Um im modelltheoretischen Rahmen aufzuweisen, dass die Kaufentscheidung von Kleidung neben ethischen Produktinformationen von intrinsischen und extrinsischen Merkmalen beeinflusst wird, wurde das TEFQM modifiziert, dessen Gültigkeit durch künftige empirische Arbeiten validiert werden sollte. Im Zuge der Klassifizierung der Informationen wurde verdeutlicht, dass das Wohl der Menschen und Tiere, sowie der Schutz der Umwelt die Kaufentscheidung positiv oder negativ beeinflussen. Um künftige negative Reputationen vorzubeugen, wurden Implikationen für Händler und Hersteller hergeleitet. Welche Teilaspekte der ethischen Produkinformationen die subjektive Wahrnehmung der Konsumenten im direkten Vergleich mit anderweitigen Teilaspekten am stärksten beeinflussen, ist gegenwärtig noch nicht umfangreich genug ermittelt und bedarf einer stärkeren Fokussierung der Forschung. Abseits der Bereitstellung der Produktinformationen und im Rahmen der Eigenverantwortung hinsichtlich ethischem Handelns, bedarf es Selbstreflektion, denn „die letzten Entscheidungen werden nicht von den Unternehmern getroffen, sondern von der Nachfrage der Verbraucher" (Von Mises, 1940, p. 258).

Anhang

Total Food Quality Model 37

Ausgewählte Label und Prüfzeichen 37

Rechtliche Rahmenbedingungen 39

Total Food Quality Model

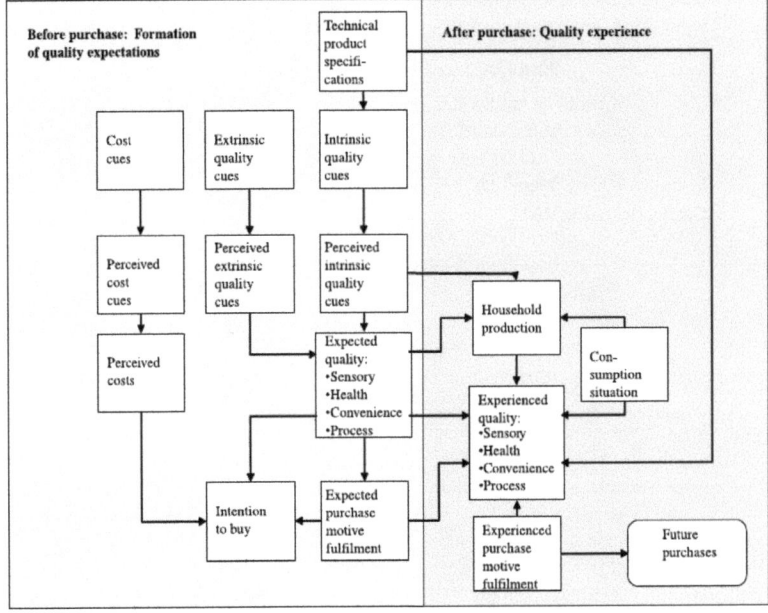

Quelle: Grunert, 2005b, p. 373

Ausgewählte Label und Prüfzeichen

Der Blaue Engel:
Quelle: Blauer Engel, 2017

Standard 100 by Oeko-Tex:
Quelle: Oeko-Tex, 2017

Fairtrade Textile Production:
Quelle: Fairtrade, 2017

Conscious Collection (von H&M):
Quelle: Schaus, 2016, p. 39

Tierschutzlabel des Deutschen Tierschutzbundes:
Quelle: Deutscher Tierschutzbund e.V., 2017

Rechtliche Rahmenbedingungen

IAO-Kernarbeitsnormen

- *Übereinkommen 87* – Vereinigungsfreiheit und Schutz des Vereinigungsrechts (1948)
- *Übereinkommen 98* – Vereinigungsrecht und Recht zu Kollektivverhandlungen (1949)
- *Übereinkommen 29* – Zwangsarbeit (1930) und Protokoll von 2014 zum Übereinkommen zur Zwangsarbeit
- *Übereinkommen 105* – Abschaffung Zwangsarbeit (1957)
- *Übereinkommen 100* – Gleichheit des Entgelts (1951)
- *Übereinkommen 111* – Diskriminierung in Beschäftigung und Beruf (1958)
- *Übereinkommen 138* – Mindestalter (1973)
- *Übereinkommen 182* – Verbot und unverzügliche Maßnahmen zur Beseitigung der schlimmsten Formen der Kinderarbeit (1999)

Quelle: IAO, 2017

Artikel 20a des Grundgesetzes der Bundesrepublik Deutschland

„Der Staat schützt auch in Verantwortung für die künftigen Generationen die natürlichen Lebensgrundlagen und die Tiere im Rahmen der verfassungsmäßigen Ordnung durch die Gesetzgebung und nach Maßgabe von Gesetz und Recht durch die vollziehende Gewalt und die Rechtsprechung."

Quelle: Grundgesetz der Bundesrepublik Deutschland (1949). Änderung hinsichtlich des Tierschutzes: 01.08.2002

Literaturverzeichnis

Abraham-Murali, L., & Littrell, M. A. (1995). Consumers' conceptualization of apparel attributes. *Clothing and Textiles Research Journal, 13*(2), 65–74.

Acebrón, L. B., & Dopico, D. C. (2000). The importance of intrinsic and extrinsic cues to expected and experienced quality: an empirical application for beef. *Food Quality and Preference, 11*(3), 229–238.

Ahlert, D., Große-Bölting, K., & Heinemann, G. (2009). *Handelsmanagement in der Textilwirtschaft.* Frankfurt am Main: Deutscher Fachverlag.

Albach, H. (2007). Betriebswirtschaftslehre ohne Unternehmensethik- Eine Erwiderung. *Journal of Business Ethics, 77*(2), 195–206.

Allwood, J. M., Laursen, S. E., de Rodriquez, C.M., & Bocken (2006). *Well dressed? The present and future sustainability of clothing and textiles in the United Kingdom.* Cambridge.

Anderson, W. T., & Cunningham, W. H. (1972). The Socially Conscious Consumer. *Journal of Marketing, 36*(3), 23–31.

Antil, J. H. (1984). Socially Responsible Consumers: Profile and Implications for Public Policy. *Journal of Macromarketing, 4*(2), 18–39.

Atkinson, L., & Rosenthal, S. (2014). Signaling the Green Sell: The Influence of Eco- Label Source, Argument Specificity, and Product Involvement on Consumer Trust. *Journal of Advertising, 43*(1), 33–45.

Auger, P., Burke, P., Devinney, T. M., & Louviere, J. J. (2003). What Will Consumers Pay for Social Product Features? *Journal of Business Ethics, 42*(3), 281–304.

Auger, P., & Devinney, T. M. (2007). Do What Consumers Say Matter? The Misalignment of Preferences with Unconstrained Ethical Intentions. *Journal of Business Ethics, 76*(4), 361–383.

Auger, P., Devinney, T. M., Louviere, J. J., & Burke, P. F. (2008). Do social product features have value to consumers? *International Journal of Research in Marketing, 25*(3), 183–191.

Auger, P., Devinney, T. M., Louviere, J. J., & Burke, P. F. (2010). The importance of social product attributes in consumer purchasing decisions: A multi-country comparative study. *International Business Review, 19*(2), 140–159.

Balabanis, G., & Diamantopoulos, A. (2004). Domestic Country Bias, Country-of-Origin Effects, and Consumer Ethnocentrism: A Multidimensional Unfolding Approach. *Journal of the Academy of Marketing Science, 32*(1), 80–95.

Balderjahn, I., & Peyer, M. (2012a). Das Bewusstsein für fairen Konsum: Konzeptualisierung, Messung und Wirkung. *Betriebswirtschaft, 72*(4), 343–364.

Balderjahn, I., & Peyer, M. (2012b). Soziales Konsumbewusstsein: Skalenentwicklung und – validierung. In H. Corsten & S. Roth (Eds.), *Nachhaltigkeit* (pp. 93–112). Wiesbaden: Springer Gabler.

Balineau, G., & Dufeu, I. (2010). Are Fair Trade goods credence goods? A new proposal, with French illustrations. *Journal of Business Ethics, 92*(2), 331–345.

Banz, C. (2015a). Ökonomie und Bekleidung. In S. Schulze, & C. Banz (Eds.), *Fast Fashion – Die Schattenseite der Mode* (pp. 35–49). Hamburg.

Banz, C. (2015b). Mode und Konsum. In S. Schulze, & C. Banz (Eds.), *Fast Fashion – Die Schattenseite der Mode* (pp. 25–34). Hamburg.

Barnes, L., & Lea-Greenwood, G. (2006). Fast fashioning the supply chain: shaping the research agenda. *Journal of Fashion Marketing and Management, 10*(3), 259–271.

Barnett, C., Cafaro, P., & Newholm, T. (2005). Philosophy and Ethical Consumption. In T. Newholm, D. Shaw & R. Harrison (Eds.), *The Ethical Consumer* (pp. 11–24). London: Sage.

Bartmann, A. (2014). Globetrotter Ausrüstung – Verantwortung übernehmen. In A. Hildebrandt (Ed.), *CSR und Sportmanagement* (pp. 435–445). Wiesbaden: Springer Gabler.

Baumeister, R. F., Bratslavsky, E., Vohs, K. D., & Finkenauer, C. (2001). Bad Is Stronger Than Good. *Review of General Psychology, 5*(4), 323–370.

Beard, N. D. (2008). The Branding of Ethical Fashion and the Consumer: A Luxury Niche or Mass-market Reality? *Fashion Theory, 12*(4), 447–468.

Bech-Larsen, T., & Grunert, K. G. (2001). Konsumentscheidungen bei Vertrauenseigenschaften. *Marketing: Zeitschrift Für Forschung Und Praxis, 23*(3), 188–198.

Berens, I. (2015, Februar 04). Immer mehr Hamburger sagen Wir tragen echten Pelz, na und?! *Hamburger Morgenpost*. Retrieved from http://www.mopo.de/hamburg/immer-mehr-hamburger-sagen-wir-tragen-echten-pelz--na-und----1610006

Bernués, A., Olaizola, A., & Corcoran, K. (2003). Labelling information demanded by European consumers and relationships with purchasing motives, quality and safety of meat. *Meat Science, 65*(3), 1095–1106.

Bhattacharya, C. B., & Sen, S. (2004). Doing Better at Doing Good. *California Management Review, 47*(1), 9–25.

Bhuiyan, J. (2015). Die Intransparenz der textilen Kette. In S. Schulze, & C. Banz (Eds.), *Fast Fashion – Die Schattenseite der Mode* (pp. 140–141). Hamburg.

Birk, A. (2015). CSR und Wettbewerbsrecht: Zulässigkeit von Umweltwerbung und CSR-Marketing. In D. Walden & A. Depping (Eds.), *CSR und Recht: Juristische Aspekte nachhaltiger Unternehmensführung erkennen und verstehen* (pp. 191–211). Berlin u.a.: Springer Gabler.

Birtwistle, G., Siddiqui, N., & Fiorito, S. S. (2010). Quick response: perceptions of UK fashion retailers. *International Journal of Retail & Distribution Management, 31*(2), 118–128.

Blauer Engel (2017). Umweltfreundliche Textilien. Retrieved April 06, 2017, from https://www.blauer-engel.de/de/produktwelt/haushalt-wohnen/textilien

BMEL (2012). *Gesetz zur Verbesserung der gesundheitsbezogenen Verbraucherinformation (Verbraucherinformationsgesetz)*. Bonn.

BMEL (2016). BMEL unterstützt ein eigenständiges Tierschutzlabel. Retrieved 18 April, 2017, from http://www.bmel.de/DE/Tier/Tierschutz/_texte/Tierschutzlabel.html

BMUB (2003). Gefährliche Chemikalien verboten. Retrieved April 18, 2017, from http://www.bmub.bund.de/pressemitteilung/gefaehrliche-chemikalien-verboten/

BMZ (2017). Fairer Handel – ein Beitrag zur nachhaltigen Entwicklung. Retrieved 12 März, 2017, from http://www.bmz.de/de/themen/fairer_handel/prinzip/index.html

BMZ (2015). Aktionsplan. Bündnis für nachhaltige Textilien.

Retrieved 15 März, 2017, from
https://www.bmz.de/de/zentrales_downloadarchiv/Presse/Textilbuendn
is/Aktionsplan_Buendnis_fuer_nachhaltige_Textilien.pdf

Bohn, A. (2013, April 10). Faire Mode von H&M. Billig ist interessanter als Bio. *Zeit Online*. Retrieved from http://www.zeit.de/lebensart/mode/2013-04/HM-conscious-collection-faire-Mode

Bonroy, O., & Constantatos, C. (2008). On the use of labels in credence goods markets. *Journal of Regulatory Economics*, *33*(3), 237–252.

Bougherara, D., & Combris, P. (2009). Eco-labelled food products : what are consumers paying for? *European Review of Agricultural Economics*, *36*(3), 321–341.

Boulstridge, E., & Carrigan, M. (2000). Do consumers really care about corporate responsibility? Highlighting the attitude-behaviour gap. *Journal of Communication Management*, *4*(4), 355–363.

Bray, J., Johns, N., & Kilburn, D. (2011). An Exploratory Study into the Factors Impeding Ethical Consumption. *Journal of Business Ethics*, *98*(4), 597–608.

Brunsø, K., Fjord, T. A., & Grunert K. G. (2002). *Consumer's Food Choice and Quality Perception* (No. 77). Aarhus.

Bullert, B. J. (2000). Progressive Public Relations, Sweatshops, and the Net. *Political Communication*, *17*(4), 403–407.

Bundesregierung (2016). Umweltschutz. Retrieved 22 April, 2017, from https://www.bundesregierung.de/Content/DE/Artikel/2016/04/2016-04-26-plastiktueten.html

Burckhardt, G., & Klecko, K. (2016). Gemeinsam gegen Skalverei in südindischen Spinnereien. In *Sonderbeilage von FEMNET zum Thema Moderne Form der Sklaverei in der indischen Textilindustrie* (p. 1). Bonn.

Carrigan, M., & Attalla, A. (2001). The myth of the ethical consumer - do ethics matter in purchase behaviour? *Journal of Consumer Marketing*, *18*(7), 560–578.

Carrigan, M., Szmigin, I., & Wright, J. (2004). Shopping for a better world? An interpretive study of the potential for ethical consumption within the older market. *Journal of Consumer Marketing*, *21*(6), 401–417.

Castaldo, S., Perrini, F., Misani, N., & Tencati, A. (2009). The Missing Link Between Corporate Social Responsibility and Consumer Trust: The case of Fair Trade Products. *Journal of Business Ethics*, *84*(1), 1–15.

Caswell, J. A. (1998). How Labeling of Safety and Process Attributes Affects Markets for Food. *Agricultural and Resource Economics Review*, *27*(2), 151–158.

CCC (2012a). Who we are. Retrieved April 03, 2017, from https://cleanclothes.org/about/who-we-are

CCC (2012b). Pakistani factory struck by fire believed to supply European Market. Retrieved April 11, 2017, from https://cleanclothes.org/news/press-releases/2012/09/14/pakistani-factory-struck-by-fire-believed-to-supply-european-market

Cervellon, M.-C., & Carey, L. (2011). Consumer's perceptions of `green`: Why and how consumers use eco-fashion and green beauty products. *Critical Studies in Fashion & Beauty*, *2*(1–2), 117–138.

Cervellon, M.-C., Hjerth, H., Ricard, S., & Carey, L. (2010). *Green in Fashion? An explaratory study of national differences in consumers concern of eco-fashion*. Monaco.

Césare, M.-C., & Salaün, Y. (1995). Information and Total Relational Gains. *International Journal of Information Management*, *15*(3), 209–222.

Charter, M., & Polonsky, M. J. (1999). *Greener Marketing* (2.ed.). Sheffield: Greenleaf Publishing.

Chen, Y. C., Shang, R. A., & Kao, C. Y. (2009). The effects of information overload on consumers' subjective state towards buying decision in the internet shopping environment. *Electronic Commerce Research and Applications*, *8*(1), 48–58.

Closs, D. J., Speier, C., & Meacham, N. (2011). Sustainability to support end-to-end value chains: the role of supply chain management. *Journal of the Academy of Marketing Science*, *39*(1), 101–116.

Collins, J. W. (1994). Is Business Ethics an Oxymoron? *Business Horizons*, *37*(5), 1–8.

Cowe, R., & Williams, S. (2000). *Who are the Ethical Consumers? Ethical Consumerism Report, Cooperative Bank*. Manchester.

Crane, A. (1997). The Dynamics of Marketing Ethical Products: A Cultural Perspective. *Journal of Marketing Management, 13*(6), 561-577.

Crane, A. (2001). Unpacking the Ethical product. *Journal of Business Ethics, 30*(4), 361-373.

Crane, A., & Matten, A. (2016). *Business Ethics* (4. ed.). Oxford: Oxford University Press.

D`Souza, C., Taghian, M., Lamb, P., & Peretiatko, R. (2007). Green decisions: demographics and consumer understanding of environmental labels. *International Journal of Consumer Studies, 31*(4), 371-376.

Daly, H. E. (2010). Sustainable Growth: An Impossibility Theorem. In J. Dawson, R. Jackson & H. Norberg-Hodge (Eds.), *Gaian Economics: Living Well with Planetary Limits* (pp. 11-16). Hampshire: Permanent Publications.

Darby, M. R., & Karni, E. (1973). Free Competition and the Optimal Amount of Fraud. *The Journal of Law & Economics, 16*(1), 67-88.

Dehmer, D., & Kramer, S. (2016, April 01). Kommt nicht in die Tüte. *Zeit Online.* Retrieved from http://www.zeit.de/wirtschaft/2016-04/plastiktuete-verbrauch-einzelhandel-eu-richtlinie

Deutscher Tierschutzbund e.V. (2017). Tierschutzlabel. Premiumstufe. Retrieved 11 April, 2017, from https://www.tierschutzlabel.info/tierschutzlabel/premiumstufe/

De Pelsmacker, P., Driesen, L., & Rayp, G. (2005). Do Consumers Care about Ethics? Willingness to Pay for Fair-Trade Coffee. *The Journal of Consumers Affairs, 39*(2), 363-386.

De Pelsmacker, P., & Janssens, W. (2007). A Model for Fair Trade Buying Behaviour: The Role of Perceived Quantity and Quality of Information and of Product-specific Attitudes. *Journal of Business Ethics, 75*(4), 361-380.

Devinney, T. M., Auger, P., Eckhardt, G. M., & Birtchnell, T. (2006). The Other CSR : Consumer Social Responsibility The Other CSR : Consumer Social Responsibility. *Stanford Social Innovation Review.*

Dickson, M. A. (1999). US consumers' knowledge of and concern with apparel sweatshops. *Journal of Fashion Marketing and Management, 3*(1), 44-55.

Dillard, J., & Murray, A. (2013). Deciphering the Domain of Corporate Social Responsibility. In K. Haynes, A. Murray & J. Dillard (Eds.), *Corporate Social Responsibility. A Research Handbook* (pp. 10–27). New York City, New York: Routledge.

Djanibekov, N., Rudenko, I., Lamers, J. P. A., & Bobojonov, I. (2010). Pros and Cons of Cotton Production in Uzbekistan. *Food Policy for Developing Countries: Food Production and Supply Policies*, 13–27.

Dreis, A. (2016, November 05). Bayern-Trikots aus Ozeanmüll. Gespielt wie 28 Flaschen leer. *Frankfurter Allgemeine Zeitung*. Retrieved from http://www.faz.net/aktuell/sport/fussball/bayern-trikots-aus-ozeanmuell-gespielt-wie-28-flaschen-leer-14514178.html

Duska, R. (2000). Business ethics: oxymoron or good business? *Business Ethics Quarterly*, *10*(1), 111–129.

Ehrich, K. R., & Irwin, J. R. (2005). Willful Ignorance in the Request for Product Attribute Information. *Journal of Marketing Research*, *42*(3), 266–277.

Elkington, J. (2006). Governance for Sustainability. *Corporate Governance*, *14*(6), 522–529.

Elliott, G. R., & Cameron, R. C. (1994). Consumer Perception of Product Quality and the Country-of-Origin Effect. *Journal of International Marketing*, *2*(2), 49–62.

Erickson, G. M., Johansson, J. K., & Chao, P. (1984). Image Variables in Multi-Attribute Product Evaluations : Country-of-Origin Effects. *Journal of Consumer Research*, *11*(2), 694–699.

Ernst & Young (2007). *LOHAS. Lifestyle of Health and Sustainability*. Wien.

Europäische Kommission (2001). *Grünbuch. Europäische Rahmenbedingungen für die soziale Verantwortung der Unternehmen*. Brüssel.

Fairtrade Deutschland (2017). Fairtrade-Textilstandard und Textilprogramm. Retrieved April 06, 2017, from https://www.fairtrade-deutschland.de/was-ist-fairtrade/fairtrade-standards/fairtrade-textilstandard-und-textilprogramm.html

Femnet (2016). Augen auf beim Kleiderkauf. Die wichtigsten Siegel auf die man beim Kleiderkauf achten sollte. Retrieved April 12, 2017, from https://femnet-ev.de/images/downloads/publikationen/Flyer-Siegel.pdf

Fletcher, K. (2010). Slow Fashion : An Invitation for Systems Change. *Fashion Practice*, *2*(2), 259-266.

Folkes, V. S., & Kamins, M. A. (1999). Effects of Information About firms' Ethical and Unethical Actions on Consumers' Attitudes. *Journal of Consumer Psychology*, *8*(3), 243-259.

Foscht, T., & Swoboda, B. (2011). *Käuferverhalten: Grundlagen – Perspektiven – Anwendungen* (4. ed.). Wiesbaden: Springer Gabler.

Friedman, M. (1996). A Positive Approach to Organized Consumer Action: The "Buycott" as an Alternative to the Boycott. *Journal of Consumer Policy*, *19*(4), 439-451.

FWF (2017a). What is FWF? Retrieved 04 April, 2017, from https://www.fairwear.org/about/approach/

FWF (2017b). Takko Holding. Retrieved 13 April, 2017, from https://www.fairwear.org/member/takko-holding/

Gerhardt, S., & Richter, J. (2015). Handys sind wichtige Einkaufsbegleiter. GfK-Studie zur Nutzung von Mobiltelefon im Geschäft. Retrieved April 26, 2017, from http://www.gfk.com/fileadmin/user_upload/dyna_content_import/2015-09-01_press_releases/data/de/Documents/Pressemitteilungen/2015/20150223_PM_Mobiles-Verhalten-in-Geschaeften_dfin.pdf

GEPA Fair Trade Company (2016). Siegel und Kontrolle - ein Überblick. Retrieved Oktober 13, 2016, from http://www.fairtrade.de/index.php/mID/3.3.1/lan/de

Gesser, A. (1998). Canada`s Environmental Choice Program: A Model for a "Trade-Friendly" Eco-Labeling Scheme. *Harvard International Law Journal*, *39*(2), 501-544.

GfK (2015). Beständigkeit ist (ein) Trumpf. Consumer Index Total Grocery 12. Retrieved 12 Februar, 2017, from http://www.gfk.com/fileadmin/user_upload/dyna_content/DE/images/News/Consumer_Index/CI_12_2015.pdf

GfK (2016). Pelztierfarmen. Retrieved 21 April, 2017, from http://www.peta.de/aktuelle-gfk-umfrage-ueberwaeltigende-mehrheit-der-deutschen-fuer#.WPnT1lL5yR

Giannakas, K. (2002). Information Asymmetries and Consumption Decisions in Organic Food Product Markets. *Canadian Journal of Agricultural Economics, 50*(1), 35–50.

Globetrotter (2017). Service. Retrieved 13 März, 2017, from https://www.globetrotter.de/service/weitere-services/

Goworek, H. (2011). Social and environmental sustainability in the clothing industry : a case study of a fair trade retailer. *Social Responsibility Journal, 7*(1), 74–86.

Green, P. E., & Srinivasan, V. (1978). Conjoint Analysis in Consumer Research : Issues and Outlook. *Journal of Consumer Research, 5*(2), 103–123.

Green, P. E., & Srinivasan, V. (1990). Conjoint Analysis in Marketing: New Developments With Implications for Research and Practice. *Journal of Marketing, 54*(4), 3–19.

Greenhouse, S. (1996, Juni 18). A Crusader Makes Celebrities Tremble. *The New York Times*. Retrieved from http://www.nytimes.com/1996/06/18/nyregion/a-crusader-makes-celebrities-tremble.html

Greenpeace (2012). Giftige Garne. Retrieved 01 März, 2017, from https://www.greenpeace.de/files/20121119-Studie-Giftige-Garne.pdf

Greenpeace (2016a). Textil-Label unter der Detox-Lupe. Der Greenpeace-Einkaufsratgeber für giftfreie Kleidung. Retrieved September 20, 2016, from https://www.greenpeace.de/presse/publikationen/textil-label-unter-der-detox-lupe

Greenpeace (2016b). Leaving Traces. Retrieved Februar 03, 2017, from https://www.greenpeace.de/sites/www.greenpeace.de/files/publications/greenpeace_outdoor_report_01_2016_21.pdf

Grunert, K. G. (2005). Food quality and safety: consumer perception and demand. *European Review of Agricultural Economics, 32*(3), 369–391.

Grunert, K. G. (2005a). Consumer behaviour with regard to food innovations: quality perception and decision-making. In W. M. F. Jongen & M. T. G. Meulenberg (Eds.), *Innovation in Agri-Food systems. Product quality and consumer acceptance* (pp. 57–82). Wageningen: Wageningen Academic Publishers.

Grunert, K. G., Baadsgaard, A., Larsen, H. H., & Madsen, T. G. (1996). *Market Orientation in Food and Agriculture.* Dordrecht u.a.: Kluwer Academic Papers.

Grunert, K. G., Beckmann, S. C., & Sørensen, E. (2001). Means-End Chains and Laddering: An Inventory of Problems and an Agenda for Research. In T. J. Reynolds & J. C. Olson (Eds.), Understanding Consumer Decision Making. The Means-End Approach to Marketing and Advertising Strategy (pp. 64–91). Mahwah, New Jersey: Lawrence Erlbaum Associates, Publishers.

Grundgesetz für die Bundesrepublik Deutschland (1949). Bonn.

Günseli, B., & Van der Meulen Rodgers, Y. (2010). Options for enforcing labour standards: Lessons from Bangladesh and Cambodia. *Journal of International Development, 22*(1), 56–85.

Gutman, J. (1982). A Means-End Chain Model Based on Consumer Categorization Processes. *Journal of Marketing, 46*(2), 60–72.

Ha-Brookshire, J. E., & Norum, P. S. (2011). Willingness to pay for socially responsible products: case of cotton apparel. *Journal of Consumer Marketing, 28*(5), 344–353.

Halepete, J., Littrell, M., & Park, J. (2009). Personalization of Fair Trade Apparel: Consumer Attitudes and Intentions. *Clothing & Textiles Research Journal, 27*(2), 143–160.

Handelsblatt (2013). Pelz-Mode trotz Stigma ein Milliardengeschäft. Retrieved April 22, 2017 from http://www.handelsblatt.com/unternehmen/handel-konsumgueter/internationaler-modetrend-pelz-mode-trotz-stigma-ein-milliardengeschaeft/7934158.html

Hatch, K. L., & Roberts, J. A. (1985). Use of intrinsic and extrinsic cues to assess textile product quality. *Journal of Consumer Studies and Home Economics, 9*, 341–357.

Hayes, D., Fox, J., & Shogren, J. (2002). Experts and activists: How information affects the demand for food irradiation. *Food Policy, 27*(2), 185–193.

Hill, J., & Lee, H.-H. (2012). Young Generation Y consumers' perceptions of sustainability in the apparel industry. *Journal of Fashion Marketing and Management, 16*(4), 477–491.

Hiller Connell, K. Y. (2010). Internal and external barriers to eco-conscious apparel acquisition. *International Journal of Consumer Studies*, *34*(3), 279–286.

Hofstetter, M. (2014). *Pelze. Der Markt wächst trotz eines schwierigen Umfeldes.* München: GENIOS Verlag.

IAO (1998). Erklärung der IAO über grundlegende Prinzipien und Rechte bei der Arbeit und ihre Folgemassnahmen. In *Internationaler Arbeitskonferenz auf ihrer 86. Tagung,* Genf.

IAO (2017). Kernarbeitsnormen. Retrieved 11 April, 2017, from http://www.ilo.org/berlin/arbeits-und-standards/kernarbeitsnormen/lang--de/index.htm

imug Konsumstudie (2014). *Nachhaltiger Konsum: Schon Mainstream oder noch Nische?* Hannover.

Jahn, G., Schramm, M., & Spiller, A. (2005). The Reliability of Certification: Quality Labels as a Consumer Policy Tool. *Journal of Consumer Policy*, *28*(1), 53–73.

Johansson, J. K., Douglas, S. P., & Nonaka, I. (1985). Assessing the Impact of Country of Origin on Product Evaluations: A New Methodological Perspective. *Journal of Marketing Research*, *22*(4), 388–396.

Joy, A., Sherry, J. F., Wang, J., & Chan, R. (2012). Fast Fashion, Sustainability, and the Ethical Appeal of Luxury Brands. *Fashion Theory*, *16*(3), 273–296.

Jung, S., & Jin, B. (2014). A theoretical investigation of slow fashion: sustainable future of the apparel industry. *International Journal of Consumer Studies*, *38*(5), 510–519.

Jung, S., & Jin, B. (2016). From quantity to quality: understanding slow fashion consumers for sustainability and consumer education. *International Journal of Consumer Studies*, *40*(4), 410–421.

Kaas, K. P., & Busch, A. (1996). Inspektions-, Erfahrungs-, und Vertrauenseigenschaften von Produkten: Theoretische Konzeption und empirische Validierung. *Marketing: Zeitschrift für Forschung und Praxis*, *18*(4), pp. 243–252.

Kamann, D. J., & Van Nieulande, V. (2010). A Four-Filter Method for Outsourcing to Low-Cost Countries. *Journal of Supply Chain Management*, *46*(2), 64–79.

Kim, H., & Damhorst, M. L. (1998). Environmental Concern and Apparel Consumption. *Clothing and Textiles Research Journal, 16*(3), 126–133.

Kim, Y., Forney, J., & Arnold, E. (1997). Environmental Messages in Fashion Advertisements : Impact on Consumer Responses. *Clothing & Textiles Research Journal, 15*(3), 147–154.

Koch, H. (2008, Juni 15). Öko-Guerilla kämpft für die T-Shirt-Revolution. *Spiegel Online*. Retrieved from http://www.spiegel.de/wirtschaft/mode-label-armedangels-oeko-guerilla-kaempft-fuer-die-t-shirt-revolution-a-558064.html

Koch, W. J. (2006). *Zur Wertschöpfungstiefe von Unternehmen*. Wiesbaden: Deutscher Universitäts-Verlag.

Kotler, P. (2011). Reinventing Marketing to Manage the Environmental Imperative. *Journal of Marketing, 75*(4), 132–135.

Kotler, P., Armstrong, G., Wong, V., & Saunders, J. (2011). *Grundlagen des Marketing* (5. ed.). München u.a.: Pearson.

Kreimer, T., Gerling, M., Verbeet, T., Horbert, C., Pampel, J., Spaan, J., Kempcke, T., Lohmann, M., & Dellbrügge, G. (2012). *Trends im Handel 2020*. Hamburg.

Küpper, H. U. (1992). Unternehmensethik – ein Gegenstand betriebswirtschaftlicher Forschung und Lehre? In G. Sieben, M.J. Matschke & T. Schildbach (Eds.), *Betriebswirtschaftliche Forschung und Praxis* (pp. 498–518). Herne/Berlin: Neue Wirtschafts-Briefe.

Küpper, H. U. (2016). Betriebswirtschaftliche Theorien im Dienst der Unternehmensethik? In H. Ahn, M. Clermont & R. Souren (Eds.), *Nachhaltiges Entscheiden – Beiträge zum multiperspektivischen Perfomancemanagement von Wertschöpfungsprozessen* (pp. 13–34). Wiesbaden: Springer Gabler.

Lademann, R. (2015). Einzelhandel auf dem Weg zum Omnichannel-Intermediär. E-Commerce als Effizienztreiber für den stationären Ladeneinzelhandel. In *ZIA Zentraler Immobilien Ausschuss e.V. Geschäftsbericht 2014/2015* (pp. 67–69). Berlin.

Larson, B. A. (2003). Eco-labels for credence attributes: the case of shade-grown coffee. *Environment and Development Economics, 8*(3), 529–547.

Leclerc, F., Schmitt, B. H., & Dubé, L. (1994). Foreign Branding and Its Effects on Product Perceptions and Attitudes. *Journal of Marketing Research*, *31*(2), 263–270.

Levitt, T. (1980). Marketing success through differentiation of anything. *Harvard Business Review, 22*(1), pp. 83–91.

Lexikon der Nachhaltigkeit (2015a). Nachhaltigkeit Definition. Retrieved März 01, 2017, from https://www.nachhaltigkeit.info/artikel/definitionen_1382.htm

Lexikon der Nachhaltigkeit (2015b). Grüne Mode/ Green Fashion. Retrieved März 03, 2017, from https://www.nachhaltigkeit.info/artikel/gr_ne_mode_1994.htm

Lexikon der Nachhaltigkeit (2015c). Öko-Mode/ Eco-Fashion. Retrieved März 06,2017, from https://www.nachhaltigkeit.info/artikel/ko_mode_1995.htm

Lexikon der Nachhaltigkeit (2015d). Fairtrade. Retrieved März 08, 2017, from https://www.nachhaltigkeit.info/artikel/fair_trade_1889.htm

Llorach-Massana, P., Farreny, R., & Oliver-Solà, J. (2015). Are Cradle to Cradle certified products environmentally preferable? Analysis from an LCA approach. *Journal of Cleaner Production*, *93*, 243–250.

Loureiro, M. L., & Lotade, J. (2005). Do fair trade and eco-labels in coffee wake up the consumer conscience? *Ecological Economics*, *53*(1), 129–138.

Lu, L.-C., Chang, H.-H., & Chang, A. (2013). Consumer Personality and Green Buying Intention: The Mediate Role of Consumer Ethical Beliefs. *Journal of Business Ethics*, *127*(1), 205–219.

Lupton, S. (2005). Shared quality uncertainty and the introduction of indeterminate goods. *Cambridge Journal of Economics*, *29*(3), 399–421.

Lusk, J. L., House, L. O., Valli, C., Jaeger, S. R., Moore, M., Morrow, J. L., & Traill, W. B. (2004). Effect of information about benefits of biotechnology on consumer acceptance of genetically modified food: evidence from experimental auctions in the United States, England, and France. *European Review of Agricultural Economics*, *31*(2), 179–204.

Maher, S. (2014, Oktober 24). How long must Rana Plaza workers wait for justice? *The Guardian.* Retrieved from https://www.theguardian.com/global-development/poverty-matters/2014/oct/24/rana-plaza-compensation-justice-garment-factory-workers

Maute, M. F., & Forrester Jr., W. R. (1991). The effect of attribute qualities on consumer decision making: A causal model of external information search. *Journal of Economic Psychology, 12*(4), 643–666.

Mazaira, A., González, E., & Avendaño, R. (2003). The role of market orientation on company performance through the development of sustainable competitive advantage: the Inditex-Zara case. *Marketing Intelligence & Planning, 21*(4), 220–229.

McDevitt, R., Giapponi, C., & Tromley, C. (2007). A model of ethical decision making: The integration of process and content. *Journal of Business Ethics, 73*(2), 219–229.

McDonald, S., Oates, C., Thyne, M., Alevizou, P., & McMorland, L.-A. (2009). Comparing sustainable consumption patterns across product sectors. *International Journal of Consumer Studies, 33*(2), 137–145.

Meffert, H., Burmann, C., & Kirchgeorg, M. (2012). *Marketing. Grundlagen marktorientierter Unternehmensführung* (11.ed.). Wiesbaden: Springer Gabler.

MEINDL (2017). Was ist Identity? Retrieved 25 April, 2017, from http://www.identity-leder.de/was-ist-identity

Melnyk, V., Klein, K., & Völckner, F. (2012). The Double-Edged Sword of Foreign Brand Names for Companies from Emerging Countries. *Journal of Marketing, 76*(6), 21–37.

Meyer, A. (2001). *Produktbezogene ökologische Wettbewerbsstrategien. Handlungsoptionen und Herausforderungen für die Textilbranche.* Wiesbaden: Deutscher Universitäts-Verlag.

Mohr, L. A., Webb, D. J., & Harris, K. E. (2001). Do Consumers Expect Companies to be Socially Responsible? The Impact of Corporate Social Responsibility on Buying Behavior. *The Journal of Consumers Affairs, 35*(1), 45–72.

Moutinho, L., & Meidan, A. (2003). Quantitative methods in marketing. In M.J. Baker (Ed.), *The Marketing Book* (5.ed., pp. 197–244). Oxford: Butterworth Heinemann.

Moser, R., Raffaelli, R., & Thilmany-McFadden, D. (2011). Consumer Preferences for Fruit and Vegetables with Credence-Based Attributes: A Review. *International Food and Agribusiness Management Review*, *14*(2), 121–142.

Mühlmann, S. (2011, Oktober 28). Von der Militärdiktatur zum asiatischen Frühling. *Die Welt*. Retrieved from https://www.welt.de/politik/ausland/article13684759/Von-der-Militaerdiktatur-zum-asiatischen-Fruehling.html

Müller & Gelbrich (2015). *Interkulturelles Marketing* (2.ed.). München: Vahlen.

Mürle, H. (2006). *Regeln für die globalisierte Wirtschaft - Eine empirische Analyse aus der Global Governance-Perspektive.* Bonn.

Nagashima, A. (1970). A Comparison of Japanese and U.S. Attitudes Toward Foreign Products. *Journal of Marketing*, *34*(1), 68–74.

Nebenzahl, I. D., Jaffe, E. D., & Kavak, B. (2001). Consumers' Punishment and Rewarding Process via Purchasing Behavior. *Teaching Business Ethics*, *5*(3), 283–305.

Nelson, P. (1970). Information and Consumer Behavior. *Journal of Political Economy*, *78*(2), 311–329.

Nelson, P. (1974). Advertising as Information. *Journal of Political Economy*, *82*(4), 729–754.

Nicholls, A., & Lee, N. (2006). Purchase decision-making in fair trade and the ethical purchase 'gap': "is there a fair trade twix?" *Journal of Strategic Marketing*, *14*(4), 369–387.

Oeko-Tex (2017). Was ist der STANDARD 100 by Oeko-Tex? Retrieved 06 April, 2017, from https://www.oeko-tex.com/de/consumer/what_is_ots100/what_is_ots100.html

Olson, J. C. (1977). Price as an Informational Cue: Effects on Product Evaluations. In A. G. Woodside, J. N. Sheth & P. D. Bennett (Eds.), *Consumer and Industrial Buying Behavior* (pp. 267–286). New York City, New York: North-Holland.

Olson, J. C., & Jacoby, J. (1972). Cue Utilization in the Quality Perception Process. In *Proceedings of the Third Annual Conference of the Association for Consumer Research,* Chicago, pp. 167–179.

Otto Group Trendstudie (2007). *Konsum-Ethik 2007.* Hamburg

Otto Group Trendstudie (2013). *Lebensqualität. Konsumethik zwischen persönlichem Vorteil und sozialer Verantwortung.* Hamburg.

Peannie, K., & Charter, M. (2003). Green Marketing. In M.J. Baker (Ed.), *The Marketing Book* (5.ed., pp. 726–755). Oxford: Butterworth Heinemann.

Perry, P. (2012). Exploring the influence of national cultural context on CSR implementation. *Journal of Fashion Marketing and Management, 16*(2), 141–160.

PETA (2017). Tierqual und Kleidung. Retrieved 21 April, 2017, from http://www.peta.de/tierqual-und-kleidung

Phau, I., & Ong, D. (2007). An investigation of the effects of environmental claims in promotional messages for clothing brands. *Marketing Intelligence & Planning, 25*(7), 772–788.

Pieters, R., Baumgartner, H., & Allen, D. (1995). A means-end chain approach to consumer goal structures. *Journal of Research in Marketing, 12*(3), 227–244.

Piron, F. (2000). Consumers' perceptions of the country-of-origin effect on purchasing intentions of (in)conspicuous products. *Journal of Consumer Marketing, 17*(4), 308–321.

Pittner, M. (2014). *Strategische Kommunikation für LOHAS: Nachhaltigkeitsorientierte Dialoggruppen im Lebensmitteleinzelhandel.* Wiesbaden: Springer Gabler.

Pookulangara, S., & Shephard, A. (2013). Slow fashion movement: Understanding consumer perceptions - An exploratory study. *Journal of Retailing and Consumer Services, 20*(2), 200–206.

Porter, M. E., & Kramer, M. R. (2011). Creating Shared Value. *Harvard Business Review, 89*(1/2), 62–77.

Prasad, M., Kimeldorf, H., Meyer, R., & Robinson, I. (2004). Consumers of the World Unite: A Market-based Response to Sweatshops. *Labor Studies Journal, 29*(3), 57–80.

Raab, G., Unger, A., & Unger, F. (2010). *Marktpsychologie. Grundlagen und Anwendung* (3.ed.). Wiesbaden: Springer Gabler.

Ravald, A., & Grönroos, C. (1996). The value concept and relationship marketing. *European Journal of Marketing, 30*(2), 19-30.

Ray, P. H., & Anderson, S. H. (2000). *The Cultural Creatives: How 50 Million People Are Changing The World*. New York City, New York: Three Rivers Press.

RNE (2016). Der Nachhaltige Warenkorb. Retrieved 03, März, 2017, from https://www.nachhaltigkeitsrat.de/fileadmin/user_upload/dokumente/publikationen/broschueren/Broschuere_Nachhaltiger_Warenkorb.pdf

Rokka, J., & Uusitalo, L. (2008). Preference for green packaging in consumer product choices - Do consumers care? *International Journal of Consumer Studies, 32*(5), 516-525.

Salaün, Y., & Flores, K. (2001). Information quality: meeting the needs of the consumer. *International Journal of Information Management, 21*(1), 21-37.

Schaus, K. (2016). Zertifizierung in der Textilbranche – Einblick in die Arena nachhaltiger Strategien. In R. Friedel & E.A. Spindler (Eds.), *Zertifizierung als Erfolgsfaktor* (pp. 33-56). Wiesbaden: Springer Gabler.

Schenkel-Nofz, M. (2015). CSR-Wahrnehmungen und Auswirkungen bei Mitarbeitern. *Zeitschrift Für Wirtschafts- Und Unternehmensethik, 16*(3), 288-313.

Schenkel-Nofz, M., & Walther, M. (2014). Ideal und Wirklichkeit ethischen Konsums - Eine empirische Untersuchung unter Konsumenten zum Kleidungskauf. *Zeitschrift Für Wirtschafts- Und Unternehmensethik, 15*(2), 215-236.

Schmidpeter, R. (2012). Unternehmerische Verantwortung – Hinführung und Überblick über das Buch. In S. Schneider & R. Schmidpeter (Eds.), *Corporate Social Responsibility. Verantwortungsvolle Unternehmensführung und Praxis* (pp. 1-13). Berlin: Springer Gabler.

Schooler, R. D. (1965). Product Bias in the Central American Common Market. *Journal of Marketing Research, 2*(4), 394-397.

Shaw, D., Hogg, G., Wilson, E., Shiu, E., & Hassan, L. (2006). Fashion victim: the impact of fair trade concerns on clothing choice. *Journal of Strategic Marketing, 14*(4), 427–440.

Shaw, D., & Newholm, T. (2002). Voluntary Simplicity and the Ethics of Consumption. *Psychology & Marketing, 19*(2), 167–185.

Slater, S. F., & Narver, J. C. (1999). Market-oriented is more than being customer-led. *Strategic Management Journal, 20*(12), 1165–1168.

Solomon, M. R. (2013). *Konsumentenverhalten*. München u.a.: Pearson.

Sommer, M. (2014). Markenführung bei hessnatur – dem CR „Pure Player" für Mode und Lebensstil. In A. K. Kirchhof & O. Nickel (Eds.), *CSR und Brandmanagement* (pp. 183–196). Berlin u.a.: Springer Gabler.

Sproles, G. B., Geistfeld, L. V., & Badenhop, S. B. (1978). Informational Inputs as Influences on Efficient Consumer-Decision Making. *The Journal of Consumer Affairs, 12*(1), 88–103.

Statista (2016). Was halten Sie davon, dass man neuerdings für Plastiktüten bezahlen muss? Retrieved 22 April, 2017, from https://de.statista.com/statistik/daten/studie/659274/umfrage/einstell ung-zum-aufpreis-fuer-plastiktueten-in-deutschland-nach-alter/

Steenkamp, E. M. (1990). Conceptual Model of the Quality Perception Process. *Journal of Business Research, 21*(4), 309–333.

Strähle, J., & Girwert, F. (2016). Impact of a Fashion fTRACE App on the Perception of Sustainability. *Journal of International Business Research and Marketing, 1*(2), 7–18.

Strong, C. (1996). Features contributing to the growth of ethical consumerism - a preliminary investigation. *Marketing Intelligence & Planning, 14*(5), 5–13.

Strong, C. (1997). The problems of translating fair trade principles into consumer purchase behaviour. *Marketing Intelligence & Planning, 15*(1), 32–37.

Süddeutsche Zeitung (2015). Echtpelz und Kunstfell? Retrieved April 22, 2017, from http://www.sueddeutsche.de/news/kultur/mode-echtpelz-und-kunstfell-so-erkennt-man-den-unterschied-dpa.urn-newsml-dpa-com-20090101-150216-99-03594

Swinnen, J. F. M., McCluskey, J., & Francken, N. (2005). Food safety, the media, and the information market. *Agricultural Economics, 32*(s.1), 175–188.

Theuws, M. & Overeem, P. (2017). *The Myanmar Dilemma*. Amsterdam.

Thiede, M. (2005). Information and access to health care: is there a role for trust? *Social Science & Medicine, 61*(7), 1452–1462.

TransFair (2015). *Wandel durch Handel. Jahres-und Wirkungsbericht 2015/16*. Köln.

Trudel, R., & Cotte, J. (2009). Does It Pay To Be Good? *MIT Sloan Management Review, 50*(2), 61–68.

Ullrich, C. G. (1999). *Deutungsmusteranalyse und diskursives Interview.Leitfadenkonstruktion, Interviewführung und Typenbildung* (No. 3). Mannheim.

Uusitalo, O., & Oksanen, R. (2004). Ethical consumerism: a view from Finland. *International Journal of Consumer Studies, 28*(3), 214–221.

Valenzi, E. R., & Andrews, I. R. (1971). Effect of Price information on product quality ratings. *Journal of Applied Psycholoy, 55*(1), 87–91.

Verbeke, W. (2005). Agriculture and the food industry in the information age. *European Review of Agricultural Economics, 32*(3), 347–368.

Verbeke, W. (2008). Impact of communication on consumers' food choices. *The Proceedings of the Nutrition Society, 67*(3), 281–288.

Verbeke, W., & Ward, R. W. (2006). Consumer interest in information cues denoting quality, traceability and origin: An application of ordered probit models to beef labels. *Food Quality and Preference, 17*(6), 453–467.

Vogler, T., & Graßer, K. (2015). Entwicklungschancen von Fair-Trade-Produkten im deutschen Einzelhandel. In M. Knoppe (Eds.), *CSR und Retailmanagement* (pp. 149–168). Berlin u.a.: Springer Gabler.

Von Mises, L. (1940). *Nationalökonomie. Theorie des Handelns und Wirtschaftens*. Genf: Editions Union.

Von Wedel-Parlow (2015). Sustainability in Fashion: der Wechsel eines Paradigmas. In S. Schulze, & C. Banz (Eds.), *Fast Fashion – Die Schattenseite der Mode* (pp. 67–70). Hamburg.

VuMA (2016). *Konsumenten punktgenau erreichen*. Frankfurt am Main.

Watson, C., Mccarthy, J., & Rowley, J. (2013). Consumer attitudes towards mobile marketing in the smart phone era. *International Journal of Information Management, 33*(5), 840–849.

WCED (1987). *Report of the World Commission on Environment and Development: Our Common Future.* Oslo.

Webster, F. E. (1975). Determining the Characteristics of the Socially Conscious Consumer. *Journal of Consumer Research, 2*(3), 188–196.

Weiber, R., & Adler, J. (1995). Positionierung von Kaufprozessen im informationsökonomischen Dreieck. *Schmalenbachs Zeitschrift für betriebswirtschaftliche Forschung, 47*(1), pp. 99–123.

Wolf, M. (2015). Die Slow Fashion Bewegung – oder alles auf Langsam. In S. Schulze, & C. Banz (Eds.), *Fast Fashion – Die Schattenseite der Mode* (pp. 16–20). Hamburg.

Xie, S., Wang, T., Liu, S., Jones, K. C., Sweetman, A. J., & Lu, Y. (2013). Industrial source identification and emission estimation of perfluorooctane sulfonate in China. *Environment International, 52*, 1–8.

Zadek, S., Lingayah, S., & Forstater, M. (1998). *Social Labels: Tools for Ethical Trade. Final report.* London.

Zeithaml, V. A. (1988). Consumer Perceptions of Price, Quality, and Value: A Means-End Model and Synthesis of Evidence. *Journal of Marketing, 52*(3), 2–22.

Zietlow, B. (2015). Textilien und Umwelt. In S. Schulze, & C. Banz (Eds.), *Fast Fashion – Die Schattenseite der Mode* (pp. 150–152). Hamburg.

Zündstoff Clothing (2017). Fair & Organic. Retrieved März 08, 2017, from https://www.zuendstoff-clothing.de/Fair-Organic-Kleidung/Organic-Clothing/

Zürcher Tierschutz (2015). Kampagne „echt Pelz – echt grausam". Retrieved April 21, 2017, from https://www.zuerchertierschutz.ch/tierschutzthemen/pelz-und-pelztiere/pelzwinter-20152016.html